书写 修辞 伦理
——德里达与德曼的激进解构理论

Writing Rhetoric Ethics
Jacques Derrida and Paul de Man's Radical Deconstruction Theory

郑楠

Copyright © 2021 Zheng Nan

ISBN: 978-1957144016

All right reserved. No part of this publication may be reproduced distributed, or transmitted in any form or by means, including photocopying, recording, or other electronic or mechanical methods, without the prior written permission of the publisher, except in the case of brief quotations embodied in critical reviews and certain other noncommercial uses permitted by copyright law. For permission requests, write to the author, addressed "Attention: Permissions Coordinator"at Zheng Nan znzjdx2015@sina.com

First paperback edition November 2021

Printed in the United States of America

Asian Culture Press
444 Alaska Avenue,
Suite #AZF046,
Torrance, CA 90503
United States

作者简介

郑楠,安徽黄山人,浙江大学中文系博士研究生,主要研究方向为文艺学、西方文论。

内容提要

在"理论"兴起的背景下,解构主义首先作为一种哲学战略为人所熟知,继而又在文学批评领域大放异彩,及至今日,若我们仔细考察当下世界的种种动态,无论是少数族裔的平权运动、政治正确的主流取向,抑或女性运动的细化和分化、多元价值的撕裂争执,不难察觉其甚嚣尘上的背后,其实都有解构思想润物无声的暗影。德里达和德曼距离我们已经有一段时间,但是他们的理论资源对于今天的文学批评依然有很强的生命力和影响,这对于理解当下甚或未来世界的某些重要状态,仍然具有非比寻常的意义和价值。

目 录

导言 /1

第一章 德里达与德曼：他们的生活、他们的思想 /3
第一节 "解构"的缘起 /3
第二节 雅克·德里达：格格不入与认同焦虑 /8
第三节 保罗·德曼：解构的争议与双面人生 /15

第二章 解构之为哲学书写 /21
第一节 解构意识与无意识 /22
第二节 解构"疯癫史"写作 /31
第三节 解构索绪尔语言学 /37

第三章 解构的文本理论 /48
第一节 哲学文本中的隐喻 /49
第二节 文字学书写：延异、播撒 /55
第三节 文本的替补逻辑 /59

第四章 解构的修辞学 /64
第一节 修辞与语法 /66
第二节 时间性修辞：象征与喻说 /71
第三节 时间性修辞：反讽 /76

第五章 解构的阅读伦理 /83
第一节 解构主义误读理论 /84
第二节 批评的盲视与洞见 /88
第三节 阅读的喻说 /93

结语 /100

附录 /110

参考文献 /121

导言

解构理论，随着德里达的逝去，已尽显颓态。然若仔细考察当下世界的种种动态，无论是少数族裔的平权运动、政治正确的主流取向，抑或女性运动的细化和分化、多元价值的撕裂争执，不难察觉其甚嚣尘上的背后，其实都有解构思想润物无声的暗影。至于这些事件和议题的争议性乃至负面性，如返查解构主义思想的来龙去脉，特别是其发展过程中的关键事件，亦不难发现它们与解构思想的内在逻辑关联。由此看来，回观解构主义思想的衍生和发展轨迹，特别是其激进化姿态所招致的伦理困境，对于理解当下甚或未来世界的某些重要状态，仍然具有非比寻常的意义和价值。

大体说来，以1966年《人文科学话语中的结构、符号与游戏》的讲演为发轫，以解构主义三部曲及其他重要论著的出版为支撑，德里达为提供反形而上学的哲学基础进行了艰苦卓绝的探索，以"解中心"为鹄的，刻意凸显"书写"之优于"语音"，其努力一度涉及语言学、结构主义人类学、现象学、语言分析哲学等诸多方面，成就斐然却又纷争不断。在德里达解结构与解中心的操演中，他用于拆解结构中心的语言论思路又启发了保罗·德曼的文学批评，尤其是德曼对于"修辞"的执迷。应该说，德里达"文学解构"的设想后来是借由德曼真正付诸实践的。解构哲学、解构阅读和"文学解构"是解构思想进程的蓄势阶段，在这一时期，经由耶鲁大学相关学者的倡导，解构主义实际上引领着西方学院思想的主流，成为了新的中心，一时间风光无两。可惜好景难长，"德曼事件"的爆发造成了解构自身遭遇解构的尴尬局面，即政治伦理危机招致理论的危机。这打破了解构思潮中形成的新的定式和惯例，促使德里达等人后期走向政治伦理实践，将解构思想深化和内化，并延续至今。于今而观，尽管解构不再如六七十年代一般居于主导地位，但已成为播撒于全部未来思想的幽灵。

解构思想的缘起和生发，离不开与其他思想之间的互动和比照，如时间意识现象学、精神分析学说、结构主义与现代语言学、浪漫主义诗学等；而且在这一过程中他者也会对解构形成反照，让解构自身的风险和局限曝光，例如德里达对索绪尔的形而上学批判就是一种利弊互见的误读，德里达通过解构索绪尔"发现"了延异的运作，进而达到动摇在场形而上学的目的；而当我们从索绪尔语言学出发去"解构"德里达时，会猛然惊觉德里达的理论几乎成为了另一套形而上学。解构的他者不容忽视，哪怕它们之间相互敌对。从另一个角度看，也正因为其他理论的存在和持续活跃，解构方有其用武之地——揭穿和颠覆一个已死之物并不符合解构求变出新的意旨。此外，这也说明解构并非无源之水无本之木，它寄生于传统之中，拥有复数的思想形式，牵连着无可穷尽的他者。

因此，本书着重论述了解构思想的缘起、特点和目标，指出德里达"文字学"和德曼"解构的修辞学"相辅相成且不失其个性。德里达早期在哲学领域对形而上学发起的挑战，是论述的起点。德里达的解构思想汲取了其他反形而上学思辨的精华的同时，也对后者根深蒂固的逻各斯中心主义观念作了起底和清淤，发展出拆解诸种中心结构的文字学书写。"修辞学"和"阅读伦理"等关键词，用于指涉在德里达引导之后的德曼的解构文论。"修辞"之于德曼一如"文字（书写）"之于德里达，解构的修辞学置换了人文三艺"逻辑-语法-修辞"的传统秩序，文字学书写则是对"思-言-字"真理体系的反叛。第五章"阅读伦理"是对前一章"修辞学"的进一步拓展，由此引申出阅读的不可读性和语言的悖论问题，不仅揭示出解构与批评既非同一也非对立的关系，也标志着解构的阅读实践走向激进化和彻底化。

第一章 德里达与德曼：他们的生活、他们的思想

第一节 "解构"的缘起

"解构"（déconstruction）一词，时下已为世人所熟知，其不仅成为人文专业教育的重要内容，还在社会生活中被广泛使用，含义一如"拆毁"、"消解"、"破除"、"颠覆"。然而细究现实情状，不免让人想起黑格尔的著名论断——"熟知非真知"，人往往对习见之物熟视无睹，这种"熟知"反而会妨害真知：一方面，我们总以为已众所周知的事物不再值得深入勘察，比如"解构"、"延异"一类的后现代"套话"；另一方面，研究这些"概念"的实际进路与大众熟知的内容非但不尽相同，甚至完全相反。这是因为，把捉深邃隐秘的思想，往往不得不采用与日常迥别的迂回曲行之方式。如是，意义会在不可知之域播撒，一个语词将同时成为"稳固的岩石和不可测的深渊"[1]。

且吊诡的是，基于解构的立场，"真"或"真知"也许并不存在，或是一种"不可能之物"。"能指平等主义"横扫语言的一切观念等级，我们无法再从传统认识论出发去甄别表象/本质，偶然/必然，个别/一般，有限/无限……，或者还有真/伪？那么，如何来理解和定位一种自身并不追索确定本质的理论？这种理论如何发展而来？具体的运行策略是什么？施用于各类文本，会产生何种效应？如何看待这种效应？如果这一理论最终引发出某种特殊而具体的伦理困境，又该如何进行解释和接受？

应该说，从德里达的解构谋划，到德曼的解构文论，再到"德曼事件"的爆发及是后德里达对德曼的辩护，这一历史和解构理论合一的特别走向，恰好切合上述的问题。这一历程，包括发轫于哲学的解构之思在大洋彼岸初试啼声，继而与文论界互通有无、相济共生，最终踯躅现实的道德困境和伦理危机之前，梳理这个历史走向的来龙去脉，对于我们更为全面而深刻地认知解构主义思想和文论的意涵和缺憾，具有极为重要的价值。

本书选择以德里达和德曼为中心来探讨解构的理论走向，并非强加因果，而有其历史语境和学理依据。首先，解构理论为德里达所创，却经德曼发扬光大。1966年，美国约翰霍普金斯大学人文学术会议上德里达发表了题为"Structure, Sign and Play in the Discourse of Human Sciences"（"人文

---

[1] J. Hillis Miller, *Theory Now and Then*, New York: Harvester Wheatsheaf, 1991, p. 113.

科学话语中的结构、符号与游戏")的讲演，后人视其为解构主义的登场声明。也正是在这次会议上，德曼与德里达相遇并结为挚友，借此契机，解构随后作为一种文本阅读和批评阐释方法在美国文化界异军突起，渐成显学。至二十世纪七十年代，美国解构文论发展和传播进入黄金时期。1976年，由德曼学生、印度裔美国学者斯皮瓦克（Gayatri Chakravorty Spivak）翻译的英文版《论文字学》出版发行，1979年德里达与"耶鲁学派（Yale School）"[1]合著的论文集 Deconstruction and Criticism（《解构与批评》）面世，引发空前反响，解构主义思潮在美国乃至世界的影响臻于极盛。这一过程中，德曼的作用无可替代，多年之后回首往昔，德里达甚至感喟：是德曼真正"发现"了解构，"如果没有保罗·德曼，'在美国的解构'就不会是其所是"[2]。

其次，德里达与德曼拥有相通的知识背景和理论关切。哲学上，康德、黑格尔哲学，德法现象学和存在主义是他们的思想渊薮，二十世纪三、四十年代现象学运动由德国传入法国，法国思想界经历了从新康德主义到新黑格尔主义的存在论转变，在德里达和德曼的早期论著中，明显可见海德格尔"时间性"概念和胡塞尔"意向性"学说的影响痕迹。语言理论方面，德里达和德曼直接受益于尼采修辞思想和索绪尔语言学，尼采通过反思语言的修辞性质，不断揭露传统本体论的"真理"观念建基于"谎言"之上，是修辞编织的真理话语的运作结果；索绪尔指出语言实为一任意、武断的自在系统，客观世界无法决定语言表述，语言也不能直接表达外部事物。这就为解构的自由能指游戏开拓了道路。在意识形态、经济学和政治伦理等领域，解构论者往往遭致"极端文本主义"乃至"虚无主义"的指控，德里达和德曼对此多次予以反击，前者一生都在积极参与各项社会事务，

---

[1] "耶鲁学派"又称"美式解构"（American deconstruction），指二十世纪七十年代到八十年代初在美国耶鲁大学执教的四位文学教授：保罗·德曼、希利斯·米勒（J.Hillis Miller）、杰弗里·哈特曼（Geoffrey Hartman）和哈罗德·布鲁姆（Harold Bloom）。一般认为，"耶鲁四人"均与德里达解构思想关系密切，而且在各自的文学研究中不同程度地显示出相似的理论倾向和学术兴趣，形成了各不相同的"解构"理论。然而细察之下，我们会发现，这四位批评家相互之间的差别远大于共性，比如德曼和布鲁姆的误读理论就存在明显的分野，布鲁姆后期也与解构理论分道扬镳，这一点将在后文第五章予以展开。与其说真的存在一个以"解构"为思想旨归的文学批评共同体，不如说这个名号来源于误解或出于攻讦的目的，美国学者林赛·沃斯特（Lindsay Waters）认为，尽管德曼和他的同事们联系紧密，且前者的批评实践对后者的影响不可忽视，但是耶鲁文学批评并不是一个统一战线，不存在一贯的学术追求和理想信念，如果将以上诸人的学说混为一谈，"只会给我们理解他们的学术成就造成更大的困难。"（[美]林赛·沃斯特：《美学权威主义批判》，昂智慧译，北京：北京大学出版社，2000年，第122页）

[2] Jacques Derrida, Mémoires pour Paul de Man, Paris:Galilée, 1988, p. 121.

且从未回避对诸多尖锐的议题作答,如大屠杀、种族主义、新国际、反恐战争等等,后者则明确说:"这些问题(历史、意识形态、政治)总是在我的脑海中占据着最重要的位置……我一向认为,人只有以批评性的语言分析为前提,才可能接近意识形态乃至政治领域的诸多问题。"[1]值得一提的是,德曼曾在《抵制理论》中提出:文学理论从未忽视社会和历史(也就是意识形态)现实。他在去世前还计划以批评性的语言学方法集中分析卡尔·马克思的作品,可惜没有完成。希利斯·米勒在比较两人理论异同时评价道:"德曼一直在使用马克思政治批判的术语('生产'、'价值'、'理论'、'含义'、'批评')来界定文学理论的诞生。"[2]

再者,德曼代表的解构文论,主要是修辞阅读理论,既和德里达的解构策略,特别是文本思想,同气相求、神意互通,又与之参差相间、和而不同,两者的关系可视为解构主义中一处"延异"的具现。德里达的看法是:"我尽已所能地去标明语言和修辞上的各种限制条件——这就是我与德曼进行深刻论辩的关键所在——德曼对于解构有一种更为'修辞学者'(rhetoricist)式的阐释。"[3]对德里达来说,语言和修辞问题并非思想的终极指向,解构的目标是在哲学内部掀起对中心结构的反叛,是以自由的表意游戏中断"在场";而德曼通过德里达发现"解构"后,任其在文学批评中揭发文本的自我颠覆行动,进而将所有文本都阐释为叙述阅读不可能性的喻说(allegory)。德里达的文本思想和隐喻策略无疑使德曼深受启发,后者就此找到了一种方法来摆脱一切统治文本的权威范畴和确定性的历史评价,"没有任何别的词能像(解构)这样简洁地陈说一种不可能性,即无论从肯定的角度还是否定的角度去评价这个术语所暗含的不可避免的评价,都是不可能的。如果用一个表示纯粹否定的术语来描述同一过程,就会遗失一些东西。"[4]德曼的修辞思维当然也对德里达产生了深远的影响,德里达的解构思想经过后期的不断内化,已经扬弃了原有的主观倾向和方法论特质,而与德曼的一贯主张相契合,"解构总是已经(déjà toujours)在作品中发生,尤其是文学作品,解构和现代性技术工具不同,它不是在事后

---

[1] Paul de Man, Resistence to Theory, Minneapolis:University of Minnesota, 1986, p. 121.
[2] [美]希利斯·米勒:"许诺、许诺:马克思和德曼的关于言语行为、文学和政治经济学诸理论之异同",陆小虹译,马克思主义美学研究,2001年,4月。
[3] Jacques Derrida, Maurizio Ferraris, A Taste for the Secret, trans. Giacomo Donis, Cambridge:Polity Press, 2001, p. 76.
[4] Paul de Man, Allegories of Reading:Figural language in Rousseau,Nietzsche,Rilke and Proust, New Haven and London:Yale University Press, 1979, Preface,x.

或从外部起作用。"[1]

最后也是最为特殊的，是1987年爆发的"德曼事件"[2]（德里达称为"保罗·德曼之战"）。这不啻一次以最直接、最极端的方式对解构理论发起的伦理批评和道德审判，所有的解构论者都不得不放弃能指嬉戏的自由，对历史罪行的真值命题给出明确的答复，并正面回应解构的理论主张和行为实践的关系问题。

如德里达所言，面对这些意外降临的"启示"（révelations），我们大家都应该负起责任（responsabilités），责任就是回答（répondre）[3]。这些回答包含着友谊、哀悼、宽恕、反思、怀疑、谴责、辩解、忏悔等等，诸多论争延续至今。"德曼事件"之后，解构所面临的一系列问题不仅有如何重估德曼其人其思，如何在"德曼之后"（after de Man）播撒德曼，还有对解构自身的重新认知和再次定位。德曼的一些学生和朋友此后转向政治批评实践和伦理阐释，如芭芭拉·约翰逊（Barbara Johnson）的女性主义研究，斯皮瓦克的身份政治学和后殖民文化批判，彼得·布鲁克斯（Peter Brooks）的欲望叙事理论与精神分析批评，西蒙·克里奇利（Simon Crichley）的解构主义伦理学等。德里达的晚期著作，也直面更具有现实干预性和决断确定性的议题，如法律与正义，宽恕与友爱，好客与礼物，取消死刑与动物伦理，继承马克思的遗产等等。尽管我们不能把这一切都归结为"保罗·德曼之战"的结果，但此次事件确乎有力地改变了欧美思想界的理论探询方式，甚至在90年代的西方文论领域掀起了"伦理转向"（ethical turn）[4]的思潮。

从德里达的自立门户，到德曼的躬行盛践并与德里达相互生发，再到伦理事件与解构思想的碰撞所招致的风险，这一进程，几乎牵动了解构

---

[1] Jacques Derrida, *Mémoires pour Paul de Man*, Paris:Galilée, 1988, pp. 122-123.

[2] 1987年春，一名年轻的弗莱芒研究员奥特温·德·格拉夫（Ortwin de Graef）在比利时查询德曼早期创作时获知，德曼曾在二战期间为德国实际控制下的比利时报刊《晚报》和《佛莱芒国家报》撰写过125篇评论文章，其中多篇具有明显的亲纳粹和反犹主义倾向。同年不久，又有人以影印的方式公布了更多德曼于战时发表的文字，辑成《战时新闻写作：1939-1943年》（Wartime Journalism:1939-1943）一书，在欧美思想界引起轩然大波，很多批评者将德曼的历史污点与其理论主张关联起来，质疑很快波及到了其他解构论者和整个解构理论，甚至有文章称：任何赞同解构观点的人都是在替纳粹主义者洗脱罪名，都应该被追认为"纳粹合作者"。参见Lehman David, "Deconstruction De Man's Life", Newsweek, Feb.15, 1988. 德里达、哈特曼、米勒等德曼生前的好友则以不同的方式回应质疑。这一论争旷日持久，直至今日，欧美学界主流观点仍然认为，"德曼事件"是德曼本人及其理论乃至整个解构的重大污点。

[3] Jacques Derrida, *Mémoires pour Paul de Man*, Paris:Galilée, 1988, pp. 151-152.

[4] David Parker, etal, eds, *Renegotiating Ethics in Literature, Philosophy and Theory*, New York:Oxford University Press, 1998, pp. 1-17.

第一章 德里达与德曼：他们的生活、他们的思想

之思的全部魅力与缺憾，值得我们深入寻查，赏幽探微。由于"解构"不是某种概念，而常被视为一种变动不居的文本阅读的实践方法，或自由游戏式的书写活动，所以本书并不试图重现"解构"的整体思想图景，而将从哲学基础、阅读实践和伦理面向等几个重要角度切入对德里达和德曼的解构理论的研究。本文力图说明，从反形而上学的哲学书写到强调隐喻和述行的文本理论再到解构自身的伦理批评，这既是研究德里达和德曼思想联系的重要路径，也是一条研究解构理论演化历程的关键线索。从中我们可以发现，德里达的解构思想起初就浮现为一种隐晦的文字学书写，在美国经历了异常复杂的接受和重构，而这种重构和改写又反过来影响了德里达与解构主义的思想走向。具体来说，就是解构的阅读（书写）实践从作为内嵌于哲学以及同哲学打交道的一种策略，转入到文学理论和文学批评中发挥，并在极端的政治语境和道德危机之下凸显出自身的伦理维度。

这种结合历史语境的学理研究既非流水账式的引述或简介，也非以总论式写作将对象纳入整齐划一的理解与解释的体系之中。解构本就是充满活力和流动性的思想辩说，它几乎与当时所有盛行的理论都有交集，解构的幽灵（fantôme/spectre）[1]又频频在各类后起的文化思潮中去而复归。尽管解构作为一种思潮早在二十世纪八十年代末已渐趋式微，但仍然留有许多尚未得到真正澄清的理论问题，甚至可以说"理论之后"（post-Theory）[2]

---

[1] 德里达最早在1962年《胡塞尔<几何学的起源>引论》中提及"幽灵"："当我们谈论隐蔽在人类中的理性时，我们很难摆脱官能或权能的心理学幽灵（fantôme）……胡塞尔早在他的心理主义批判中，在'回到事物本身'作为'真正的实证主义'的来临这一主题中就要求将心灵能力的幽灵（spectre）以及所有传统实体主义的残余全部驱逐出去。"[法]雅克·德里达：《胡塞尔<几何学的起源>引论》，方向红译，南京：南京大学出版社，2004年。译文略有改动。这里德里达使用了"fantôme"和"spectre"两个含义相似的词指示"幽灵"，而fantôme在法语中包含了"revenants"的词义特点，后者意为"回归"，在法国和欧洲其它地方的民间文化中，幽灵是指返回自身生前居所的人死后的魂灵。德里达后来将很多传统概念都改造为"幽灵"，其中最典型的就是宗教学中的"上帝"，还有列维纳斯（Emmanuel Levinas）的"他者"。

[2] 英国马克思主义批评家特里·伊格尔顿（Terry Eagleton）在《理论之后》（After Theory）中特意指出，首字母大写的"Theory"不是日常用语中的理论，而是一个专有名词，"理论"指一种区别于传统理论的理论批评方法和学术社会运动，它受二十世纪初语言论转向的影响，在世纪中叶逐渐发展成横跨多类人文学科的思想潮流，主要流派有新批评、结构主义、后结构主义、解构理论、后殖民文化批判、新历史主义等等。"理论"运动在二十世纪八九十年代后由盛转衰，其原因和标志大约如伊格尔顿所说：大批理论明星失掉了活力，"理论的黄金时代早已消逝，雅克·拉康、克劳德·列维-斯特劳斯、路易斯·阿尔都塞、罗兰·巴特和米歇尔·福柯发表的开创性著作已历经数十年之久，雷蒙·威廉斯、皮埃尔·波德里亚、雅克·德里达、弗雷德里克·詹姆逊和爱德华·萨义德早期的独特之作也成响响。尽管某些理论观点业已过时，但之后的理论写作不论在宏观角度还是原创能力上都远远不及这些年。命运使巴尔特生于巴黎洗衣货车的轮下，让福柯在艾滋病的折磨中告别人世，命运又召回了拉康、威廉斯和布尔迪厄，并使阿尔都塞因谋杀妻子被放逐到精神病院。"参见Terry Eagleton, After Theory, New York:Basic Books, 2003, p. 1.解构完整经历了"理论"的兴衰，因此"理论之后"对"理论"的哀悼、抵制和反思的声音里也不乏与解构相关者，例如艾里斯（John

也就是"解构之后"。

第二节 雅克·德里达：格格不入与认同焦虑

总览德里达的人生，不难发现，支离漂泊的生活状态，令他总是处在与外部环境的格格不入、以及对身份乃至思想无法获得认同的焦虑之中。

1930年7月15日，雅克·德里达出生于法属殖民地阿尔及利亚首府阿尔及尔一个只说法语的犹太人家庭，在去往法国本土之前，他的名字还是美国化的"杰基"（Jackie）或犹太传统的"埃里"（Élie）。[1]在学校时，由于明显可以感受到"阿尔及利亚的法国人"这一身份的特殊性，德里达将学习法语当成学习"他者的语言"或"主人（master）的语言"；家族的信仰在他看来也是拘泥于繁琐形式的，并不属于真正的犹太教文化。这类与周围环境格格不入的疏离感始终追逐着德里达思想人生的轨迹，直到晚年他仍流露出没有归属感的、被边缘化的身份认同焦虑，"我越来越感觉到我处在法国的边缘，也就是说，对我的作品最有热情、最具建设性的读者在法国以外"[2]。可以说，这种特殊的际遇与德里达著作中体现的多重外在性立场是密不可分的，包括法兰西、德意志、希腊在内的欧洲文化，以及流寓四方的犹太教文化都不是德里达的思想归宿，而这种铭写（incribe）于自身的外在性就是解构工作的基础或支点，"为了质疑、提问和写作，人们总必须有某种外在性……超越了这一外在性之后，也许还存在其他东西，一种对于另一种外在性的感觉。"[3]需要时刻留意的是，德里达的解构思想与它所面对

Martin Ellis）在《反对解构》（Against Deconstruction）中指责德里达的解构主义实质上是神秘主义或非理性主义的陈词滥调，其追随者也只不过用艰涩复杂的话语把一套"不成熟的逻辑"包装了起来。雷德菲尔德（Mare Redfield）的《"理论"在耶鲁：美国解构主义的奇怪案例》（Theory at Yale:The Strange Case of Deconstruction in America）对耶鲁学派提出"文学理论精英化"的质疑，认为解构批评实际造成的一元结果是对多元化思想的折损。贝尔（David F.Bell）则在美国现代语言学会的笔谈专栏撰文指出，以"解构"为代表的理论致使文学研究"去文学化"，造成了美国大学文学系的衰落和人文教育的倒退。

[1] 德里达的父亲阿伊姆·阿隆·普罗斯佩·查理(Haïm Aaron Prosper Charles)和母亲乔吉特·苏塔娜·埃斯泰·萨法尔(Georgette Sultana Esther Safar)的祖先都是来自西班牙的犹太人，在1830年法国殖民阿尔及利亚之前已经定居于此，因此，德里达的家族直到1870年《克雷米厄法案》（Crémieux decree）生效后才获得法国公民的身份。此项法案于1940年为纳粹德国所扶植的维希政府废除，1942年10月，年仅12岁的德里达和很多犹太同学一起被赶出学校，这次童年的放逐经历及随之而来的被歧视的体验令德里达倍感屈辱。参见Jacques Derrida, La Carte Postale, Paris:Aubier-Flammarion, 1980, p. 97.以及Geoffrey Bennington, Jacques Derrida, Jacques Derrida, Paris:Seuil, 1991, p. 57.

[2] [法]雅克·德里达："访谈代序"，《书写与差异》，张宁译，北京：三联书店，2001年，第5页。

[3] [法]雅克·德里达："不存在一种自恋"，《一种疯狂守护着思想》，何佩群译，包亚明校，上海：上海人民出版社，1997年，第12-13页。

第一章 德里达与德曼：他们的生活、他们的思想

的哲学、思想、文学、文本都有既内在又外在的关联。

1949年9月，德里达奔赴巴黎求学，就读于路易大帝高中（Louis-le-Grand）。相较于家境优渥的本地同学，作为寄宿生的德里达起初并不显眼，糟糕的生活条件和严峻的升学压力让他几乎陷入神经衰弱状态。在1951年索邦大学安排的哲学通史考试中，德里达获得了极低的分数，还有"（应当）接受规则而不是杜撰"的评语。一年后，德里达终于被精英云集的巴黎高等师范学院（Ecole normale supérieure）录取，在这里他结识了很多日后在思想界叱咤风云的人物：将黑格尔引入法国的哲学家让·伊波利特（Jean Hyppolite），研究马克思意识形态理论的路易·皮埃尔·阿尔都塞（Louis Pierre Althusser），年长四岁的老师、哲学家和历史学家米歇尔·福柯（Michel Foucault），高师预科班的同学、社会学家皮埃尔·布尔迪厄（Pierre Bourdieu），文论家和文学批评家热拉尔·热奈特(Gerard Genette)……在高师期间，德里达自主选择的研究对象是胡塞尔哲学，他的第一篇专题论文是"Le Problème de La genèse dans la philosophie de Husserl"（《胡塞尔哲学中的发生问题》）[1]，这让德里达成为法国较早引介和深入研究德国现象学的学人，也使得他对海德格尔的兴趣与日俱增。1956年，德里达第一次前往美国，在哈佛大学当了一年的交换生，这次经历后来被他自己评述为"职业生涯的第三次重大登陆"[2]。德里达在哈佛校园里继续研究胡塞尔，系统阅读詹姆斯·乔伊斯（James Joyce）的著作，并磨炼了自身的英语写作能力。

1957年德里达归国，旋即被征召入伍奔赴前线，不过在家人的多方斡旋下，他没有参与战斗，而是幸运地在当地一所小学教了两年书。尽管德里达并未像他的许多朋友那样直接参与了镇压阿尔及利亚独立运动的战

---

[1] 这篇用于取得高等教育文凭（diplôme d'études supérieures=DES）的论文完成于1954年，最终整理出版却在1990年。德里达在发表的序言中隐晦地否定了人们通过这部著作寻求"青年德里达"的企图："重读此书，我感到苦恼…既辨认出又没有辨认出的…一种说话方式，也许有稍许的变化，一种声音，或者更确切地说，一种语调的陈旧而几乎是注定的立场"，穿越胡塞尔全部著作的全景式解读依靠一种法则，这一法则"自从那时以来，甚至在其字面表达中，就一直支配着我曾试图证明的一切"，这意味着一种思想关注的必然性，"涉及到起源的原初的复杂、简单的初始的污染（contamination）、发端的偏差"。（Jacques Derrida, "Avertissement", Le Probleme de La Genese dans La Philosophie de Husserl, Paris: Presses Universitaires de France,1990,p.V-VII.中译参见[法]雅克·德里达：《胡塞尔哲学中的发生问题》，于奇智译，北京：商务印书馆，2009年。）尽管在1954年德里达尚未以解构策略而出名，但他的哲学写作已然显露出独特的"解构"气质，特别是对形而上学"起源"问题乃至"起源之起源"的关注。
[2] 前两次分别是二战时盟军登陆北非和德里达在奔赴巴黎求学时于马赛登陆。参见Leslie Hill, The Cambridge Introduction to Jacques Derrida, New York:Cambridge University Press, 2007, pp. 2-3.

第一章 德里达与德曼：他们的生活、他们的思想

事，但是这场残酷的战争仍给他留下了难以磨灭的记忆，德里达在给友人的信中写道："年轻士兵们在阿尔及利亚制造的景象让我很难过……他们总是带着那副陌生荒唐的神情"，"（我是）一个在一片丑恶海洋中失落的二等兵"。[1]可以说，"阿尔及利亚乡愁"（nostalgérie）和故乡发生的战争一直如幽灵般萦回于德里达的思想，我们能够在他后期的诸多文本中发现这种战争记忆怎样以反思的形式复归：解构政治哲学的"敌"与"友"的区分，"政治上的敌人并非一定不友善，他未必怨恨我，我也未必怨恨他…我们只剩一种彻底纯粹化的政治上的敌友经验，纯化了任何情感…政治就开始于这样一种情感的纯化，同时还伴随着对这种理论纯化的精心策划，我还可以向我的朋友宣战"，这就出现了"语义变动和翻转的某种可能性：朋友（amicus）可以成为敌人（hostis）"[2]；解构"反恐"的两大阵营，即"西方民主国家"组成的"正义阵营"和"中东邪恶势力"组成的"恐怖主义阵营"的粗暴判定，"如果我们接受（美国及其盟国的）恐怖主义的定义，那么问题依然存在：谁是最恐怖的？这个问题既是必要的，也注定是无法回答的，因为要考虑一个基本事实：所有恐怖主义都是在局势持续升级的情况下作出的反应…美国、以色列及其他富裕国家、殖民主义或帝国主义势力…他们比那些自称是受害者的恐怖分子'更恐怖'"[3]；谈论"宽恕"的不可能性与无条件性，宽恕不是和解，无条件的宽恕是不可能的，"而宽恕恰恰在于去做不可能之事……宽恕意味着宽恕'不可宽恕'之事，宽恕是对不可能性的反思，宽恕是一种'赠与'"[4]。不得不说，如果人们对德里达青年时期的特殊遭遇稍有了解，知晓他对狂热的种族主义和政治暴力的自觉抵制态度，就不会误以为他的一生是在刻意和主流认知唱反调，也不会轻率地对解构下如此断言：解构主义者面对重大的政治历史事件使总是含糊其辞顾左右而言他，从不去考虑如何承担责任。

1959年结束服役后，德里达返回巴黎并正式提交了他的论文题目——《文学对象的观念性》，但出于个人经历、学术体制等种种原因，这项研

---

1 [法]伯努瓦·皮特斯：《德里达传》，魏柯玲译，北京：中国人民大学出版社，2014年，第68页，第82页。
2 [法]德里达：《<友爱的政治学>及其他》，夏可君编，胡继华译，长春：吉林人民出版社，2011年，第117-118页。译文略有改动。
3 Giovanna Borradori, Jurgen Habermas, Jacques Derrida, Philosophy in a Time of Terror:Dialogues with Jürgen Habermas and Jacques Derrida, Chicago and London:University of Chicago Press, 2003, p. 107.
4 [法]雅克·德里达：《德里达中国讲演录》，杜小真、张宁等编译，北京：中央编译出版社，2003年，第45-46页。

究工作并未完成，迟至1980年德里达才获得博士学位。不过，从他后来公布的写作计划中我们得以窥见德里达前后相属的文学观点："长期令我感兴趣的，是指向文学，指向被称为'文学'的书写，如果可以的话，我甚至会说这发生在对哲学产生兴趣之前"，"在哲学与文学，科学与文学，政治与文学，神学与文学，以及精神分析和文学之间所发生的事，这就是存留于此宽泛标题中的甚为执着的问题"[1]。接下来，德里达的关注点始终在文学和其他类型的书写飘忽不定似有若无的联系上，什么是文学？书写铭文（inscription）在什么时候，且以何种方式成为了文学？以及，铭文又施展了什么文学诈谋（la ruse littéraire），自我产生又自行抹去了痕迹（trace）的不可克服的悖论？我们可以看出，德里达一方面借用了哲学的提问方式尝试界定文学和其他文类，即"文学是什么？"和"书写（类型）是什么？"；而另一方面，他指出了文学的无限性和非实在性，"文学"文本既不全然受形而上学概念支配，也不是完全"文学的"，文学文本和非文学文本之间没有绝对的差别和对立。德里达在后来明确指出，文学是一种独特的虚构性建制（institution），一种"没有建制的建制"，文学的"经济学"（économie）同时具有"创造性"和"可重复性"的形式特点，文学因而比其他类型的话语（如历史或哲学的话语）更加有力，能够去质疑传统和惯例，干扰哲学的战略部署，并自动从权力法规和在场（présence）幻觉中摆脱[2]。另外，与文学论点一脉相承的是，德里达不愿服从传统文化的身份界定，他曾以随意幻化自己面貌的海神普罗透斯（Proteus）自比，始终追求变动不居的思想差异，从而挣脱种种惯例的束缚。

  自二十世纪六十年代以来，德里达以惊人的创作热情和思想活力向学界宣告自己的强势存在。早期的他一直在与形而上学的各类体系缠斗，1962年成名作《胡塞尔<几何学的起源>引论》[3]面试，这是一本出人

---

[1] Jacques Derrida, "Ponctuations : le temps de la thèse", Du droit a la philosophie, Paris:Galilée, 1990, p. 443.
[2] Vincent B.Leitch, Deconstructive criticism:an advanced introduction, New York:Columbia University Press, 1983, pp. 42-43.
[3] Edmund Husserl, l' Origine de la géométrie, traduction et introduction par Jacques Derrida, Paris:Presses Universitaires de France, 1962.中译参见[法]雅克·德里达：《胡塞尔<几何学的起源>引论》，方向红译，南京：南京大学出版社，2004年。按：《几何学的起源》是胡塞尔1936年的手稿，后于1954年作为附录III被收入《胡塞尔全集》第六卷《欧洲科学的危机与超越论的现象学》中，标题为后人所加。德里达早年在比利时鲁汶大学胡塞尔档案馆查询到这份手稿，后来在求学期间将其翻译成法文，并撰写了长篇"引论"。胡塞尔《几何学的起源》的另一个中译版本见：[德]胡塞尔：《欧洲科学的危机与超越论的现象学》，王炳文译，北京：商务印书馆，2001年，第427-458页。

第一章 德里达与德曼：他们的生活、他们的思想

意表的书中之书，德里达长达一百七十页的引言文字如同藤蔓缠附在四十多页的原文上，仿佛在逼迫文本语义增殖。在这篇"喧宾夺主"的引论里，德里达有关胡塞尔"单义性"（univocité）和乔伊斯"两可性"（equivocité）的奇特比较的论述恰好构成对自身写作风格的精准刻画：因为"语言不可能也不应该始终处于单义性的保护之下"，所以面对多义性的选择是，"在语言中重复总体的两可性本身并重新承担责任"，这种两可性的书写"同时在所有语言中行动，积蓄力量，显示最隐秘的协调性，并揭示远方的共通视域，培育（而非回避）联想性的综合能力，并重新发现不够活跃的诗性价值"[1]。此后，德里达的研究进展之快令人眼花缭乱，单单1967年一年内就有三部重要著作出版——《书写与差异》、《论文字学》、《声音与现象》。这些作品在使德里达声名大震的同时也激起了无数争议，尤其是《书写与差异》这本汇集了多篇犀利的评论文章的大书，让他失去了不少人的友谊。或许源于这种特立独行的风格和有时过于尖锐的批评，德里达长期遭到法国学术界排斥，哪怕他接受过路易大帝中学、巴黎高等师范几近严酷的学术选拔和淬炼，哪怕其全新的阅读方式曾赢得同时代最优秀的思想者，如康吉莱姆（Georges Canguilhem）、福柯、克里斯蒂娃（Julia Kristeva）等人的尊重和叹服。德里达甚至在日后未受刁难的论文答辩中也感到了"一种深刻的不理解"，甚至是"一种盲目的抵制"，因为与会者没有一个人认真看过他的作品。[2]

德里达特有的风格和批评有助于我们进一步体认他持续抗争和永久漂泊的思想气质，他所追寻的不是万籁俱寂但余独白的主体与同一，而是众声喧哗的他者，是文本不能被抚平的变异的"疤痕"；同时德里达坦陈，解构的运作并不能彻底摆脱或直接对抗传统，哲学就像一只有"鼓膜"（Tympan）的耳朵，总能通过内部调节重新适应外来声音的冲击，且足以震破耳膜的巨大声响则无法被耳朵接受。因此，"解构"文本要寄生在其他文本中，用形而上学的语言"涂改"（erase）形而上学，"不使用形而上学概念去撼动形而上学是没有意义的"。德里达一生中至少发表了七十余部著作，四百多篇发言稿，但是严格说来，没有哪一部以概念性和体系性著称，基本都是关于他者的评论和回应，是对阅读的阅读。德曼亦是如此，他们深

---

[1] Edmund Husserl, l'Origine de la géométrie, traduction et introduction par Jacques Derrida, Paris:Presses Universitaires de France, 1962, pp. 104-105
[2] [法]伯努瓦·皮特斯：《德里达传》，魏柯玲译，北京：中国人民大学出版社，2014年，第152-153页。

刻认识到语言问题的复杂性以及阐释与建构的风险：语言的运用总要诉诸概念、命题、逻辑，也就是牵连着整个形而上学，对已有概念的借用一不小心就会落入形而上学或文本中心的网罗中。[1]

对德里达思想的真诚期许来自美国。1966年10月，美国约翰霍普金斯大学人文中心举办了名为"批评的语言和人文科学"的学术会议，雅克·拉康（Jacques Lakan）、罗兰·巴尔特（Roland Barthes）、雅克·德里达等多位法国学者应邀出席。德里达在这里第一次见到了保罗·德曼，他们当时都对卢梭L'Essai sur l'origine des langues（《论语言的起源》）感兴趣，在一番讨论之后即结为至交，德里达后来回忆说，他与德曼之间从未有过任何分歧，两人的关系如同一种联盟，具有"相互信任和毫无保留的友谊的定律"，也是"一种秘密肯定的印证"，"一种共同的信仰"[2]。这一份毫无保留的友谊可能是德里达所获得的最重要认同，不论日后遭遇到怎样的危机，德里达始终用言语和行动捍卫着这份友谊。例如出现美国解构主义"去-法国化"（dé-francisés）的争议时，德里达论证道：什么是"在美国的解构"？应该说，"解构并非一个专有名词，美国不是自己的美国"，这两个词是一组真实的虚构，"美国将会是一个有关'解构之历史'和'历史之解构'的新的传奇故事的标题"。[3]至于德曼身后丑闻爆发，引发了所谓的"德曼危机"时，甚至影响到了德里达的解构之思。

自1967年起，德里达每年都赴美讲学，先后在耶鲁大学、康奈尔大学、约翰霍普金斯大学、加州大学等地授课，主持了有关柏拉图、卢梭、康德、马拉美、海德格尔的研修班。值得一提的是，从1967年秋末起，德里达应德曼的请求在巴黎为美国留学生开设了一门研讨课，题为"文学评论的哲学基础"，据参加者描述，这项课程"同时具有哲学和文学的导向性，展示出两者之间复杂矛盾、既内在又外在的联系"[4]。德曼还在《让-雅克·卢梭年鉴》上发表长文[5]介绍德里达对卢梭的研究，该文随后加入到他的重要

---

1 Jacques Derrida, "La structure, le signe et le jeu dans le discours des sciences humaines", L'Écriture et La Différence, Paris:Seuil, 1967, pp. 412-413.
2 Jacques Derrida, Mémoires pour Paul de Man, Paris:Galilée, 1988, p. 16.
3 Ibid, p. 41.
4 David Carroll, "Jacques Derrida ou le don d'écriture——quand quelque chose se passe", Salut à Jacques Derrida, Paris:Journal de Rue Descartes, 2005, p. 100.
5 Paul de Man, "Rhétorique de la cécité:Derrida lecteur de Rousseau", Poétique n。4,1970. 后收录为Paul de Man, "The Rhetoric of Blindness:Jacques Derrida's Reading of Rousseau", Blindness and Insight:Essays in the Rhetoric of Contemporary Criticism, Minneapolis:University of Minnesota Press, 1983, pp. 102-141.德里达对这篇批评的评价是："任何别的批评都比不上保罗·德曼的"盲视的修辞学"——严谨中显得如此慷慨，是如此纯粹的回应（而非诘问），如

文集《盲视与洞见》中,不得不说,这是极罕见的得到德里达本人认可的一篇批评。作为广为人知的同盟者,德里达和德曼相互提及的文字不算多,尤其在德曼生前,很少有人注意到他们之间那种独一无二的既声气相求又和而不同的秘密联系。但根据历史记忆的回顾,我们或许能够发现隐匿在文本中的思想脉络和线索,卢梭、黑格尔、马克思、尼采、马拉美、索绪尔和海德格尔是德里达与德曼关注的重点,两人的解构式阅读都否认文本的完整性、自足性,强调读写一体的双重运作,运用隐喻和联想播撒文本意义,并且在"文本间"(intertextuel)进行跨越边界的、无止境"重读"、"细读"的自由游戏,用跳跃、转折、嫁接的方式动摇哲学、文学、美学、神学、艺术、史学和自然科学诸学科及文类之间的森严壁垒。

从德里达的角度看,这些研究问题散见于前期(90年代以前)的主要著作中,除直接促成二人交往的《论文字学》(特别是第一部分"字面产生之前的文字")外,还有:La Dissémination,1972(《播撒》,1972年)、Marges-de la philosophie,1972(《哲学的边缘》,1972年)、Positions,1972(《多重立场》,1972年)、MALLARME in Tableau de la littérature française,1974(《法国文学名单中的"马拉美"》,1974年)、Glas,1974(《丧钟》,1974年)、Eperons. Les styles de Nietzsche,1978(《马刺:尼采的风格》,1978年)、L'Oreille de l'autre,1982(《他者的耳朵》,1982年)、Signéponge/Signsponge,1983(《签名/彭日》,1983年)、Lecture de Droit de regards,1985(《观看权的阅读》,1985年)、Préjugés:devant la loi,1985(《在法的门前》,1985年)、Mémoires- for Paul de Man,1986(《多义的记忆:为保罗·德曼而作》,1986年)、Parages,1986(《海域》,1986年)、Schibboleth- pour Paul Celan,1986(《暗语:为保罗·策兰而作》,1986年)、De l'esprit. Heidegger et la question,1987(《论精神——海德格尔与问题》,1987年)、Feu la cendre,1987(《余烬》,1987年)、Psyché. Inventions de l'autre,1987(《心灵:他者的发明》,1987年)、Ulysse gramophone. Deux mots pour Joyce,1987(《尤利西斯留声机:关于乔伊斯的三言两语》,1987年)、Limited Inc,1988(《有限公司》,1988年),等等。

此尊重未来又不试图取悦于人;从未有任何批评如德曼所做的那样让我觉得易于接受。没有任何批评如此令我思虑良久,尽管我感到自己并不同意他的评论,但也非简单地不同意。"
参见Jacques Derrida, Mémoires pour Paul de Man, Paris:Galilée, 1988, p. 124.

第三节 保罗·德曼：解构的争议与双面人生

相较德里达，德曼生前的个人际遇虽非一帆风顺，似乎仍要顺畅的多。出生优裕家族、接受精英教育，移居美国后执教名校且声誉卓著。在学术上，德曼也是独具只眼，促成了解构思想的国际性效应。然而，身故未久，便爆出丑闻，遭人非议甚至指摘其追求解构的遮掩性目的。

1919年12月6日，保罗·德曼出生于比利时安特卫普一个富有的佛兰芒资产阶级家庭。德曼家族[1]深受法国文化影响，保罗·德曼从小就受到了严格的语言教育，除母语佛兰芒语外，早期他能熟练地运用法语写作评论文章，并且多次通过英语、德语译介欧洲古典名著。1937年德曼进入布鲁塞尔自由大学学习，期间主持编辑文学杂志《自由研究丛刊》（Les Cahiers du libre Examen），这本办刊宗旨为"民主主义、反教权、反教条、反纳粹"的杂志在德国攻占比利时后即被迫停刊。德曼与妻子于纳粹入侵时试图越境逃往法国，失败后返回比利时。在伯父亨利·德曼（Henri de Man）的帮助下，保罗·德曼自1940年12月开始在德国人直接掌控的法语报刊《晚报》（Le Soir）供职，同时还为另一家亲纳粹的佛兰芒语杂志《佛莱芒国家报》（Het Vlaamsche Land）写稿。1942年底德曼离开《晚报》，转而撰写书评和组织翻译外文著作，他在战后因为《晚报》的工作被送上法庭，但并未被判处有罪。1948年德曼决意到美国永久定居，在新结识的朋友的帮助下，他先任教于纽约巴德学院，后在波士顿教授法语维持生计，期间因哈佛大学比较文学系教授雷纳多·波吉奥利（Renato Poggioli）等人的推荐，成为哈佛学社成员。1960年，德曼以题为"The Post-Romantic Predicament: a study in the poetry of Mallarmé and Yeats"（《马拉美、叶芝以及后-浪漫主义的窘境》）的论文取得博士学位，此后，他相继执教于康奈尔大学、苏黎世大学、约翰霍普金斯大学。1966年德曼初识德里达，即力邀其

---

[1] 德曼家族是扎根于佛莱芒地区的名门，源自祖上的姓氏"deman"在佛莱芒语中意为"这个人"。保罗·德曼的曾祖父雅各布·菲利普斯·德曼作为共济会成员，是有名的无神论者，外祖父让·凡·比尔斯是比利时著名诗人，父亲鲍勃·德曼是一个喜好古典音乐的X光机制造商。家族中最为显赫的人物应该是保罗·德曼的伯父亨利·德曼，后者对前者影响极大。亨利·德曼是欧洲颇有名气的非马克思主义的社会主义者，在二战前担任比利时社会党领导人，拥有左右政府决策的实力，随着时局变化，他的政治态度由反对纳粹转变为支持国家与纳粹合作，保罗·德曼与伯父的亲密关系导致他最终进入亲纳粹的报刊机构工作。保罗·德曼的早年生活无疑是充满不幸的，自祖辈以来的家庭教育非常严厉，德曼的父母是表亲关系，因而他们的结合不被上一代看好。1936年德曼唯一的兄弟亨德里克意外遭火车碾死，一年后母亲玛德琳因长期患有抑郁症自杀身亡。德曼本人在布鲁塞尔自由大学学习期间，因对所学专业不感兴趣，离开时并未获得学位。

赴美讲学，德曼亲自撰文介绍德里达的解构思想，并引导学生对这位新的思想家展开研究。1970年德曼转入耶鲁大学，担任比较文学系和法语系教授及主任，直到1983年12月21日因癌症去世。

实际上，德曼的人生经历并不像简历所勾勒的这般清晰明了，反倒是暧昧难明、真伪莫辨，似乎印证着他备受争议的历史观点："历史认知的基础并非经验事实，而是书写下的文本，即便这些文本戴着战争或革命的假面"[1]。在好友德里达、米勒、哈特曼等人的笔下，德曼无疑是一位真正的知识分子和学界领袖，他不仅待人真诚慷慨、良善谦逊，而且在治学上永怀热忱、严谨。德曼具有深厚的哲学造诣和文学修养，通晓英、法、德多种语言，其文化气质和学术视野浸染着欧陆传统的浓重色彩，研究方法和阅读技巧又展现出英美批评的实证精神。因此，德曼被视为成功促成欧陆学界和英美学界沟通交流的领军人物，人们认为如果没有他主导的耶鲁文学批评同盟，解构主义运动决不会有如此之大的声势和影响，德曼可以与他阅读名单上的这些名字同列而无愧：帕斯卡尔、里尔克、笛卡尔、黑格尔、雪莱、卢梭、尼采、康德、克尔凯郭尔、普鲁斯特、马拉美、布朗肖、奥斯汀、海德格尔……德曼被认为是最好的一类读者，他对阅读、思考和写作从不满足，还将启发别人思考阅读的可能性或悖反（paradoxale）的不可能性，米勒曾断言，"如果所有人都变成德曼期待的那一类读者，使人类获得和平、正义的千福年……就会降临。"[2]

而在解构的反对者们眼中，德曼并不是什么值得称道的人物，他的作品风格飘忽不定，行文晦涩艰深，观点怪异极端，好像刻意在给阅读制造障碍。特别是这样一种文学批评和文学理论居然能够登堂入室，以反对"新批评"和浪漫主义传统诗学的叛逆姿态在大学校园里风靡一时，颇受青年批评家和研究生们的喜爱和拥护，更使一些正统学者深感忧虑，其中美国学者雷德菲尔德的观点具有一定代表性："德曼发明出的理论是为了保卫精英文学，获取个人声望和让年轻人堕落。他有意淡化了欧陆思想的某些方面，以便服从'独特的美国体制的程序'……解构已逝；它只能被封存进书里和被历史化。而且如果说德曼的理论在当时可能具有某种独创性，那么对这一过时理论的复制将使这些'门徒'深受其害：如此行事的他们就变成了

---

[1] Paul de Man, Blindness and Insight:Essays in the Rhetoric of Contemporary Criticism, Minneapolis:University of Minnesota Press, 1983, p. 165.
[2] J.Hillis Miller, The Ethics of Reading:Kant,de Man,Eilot,Trollope,James and Benjamin, New York:Columbia University Press, 1989, p. 58.

无名无姓、毫无意义的棋子。"[1]批评者有关德曼的学理质疑主要在于其理论对认知能力产生的负面影响,德曼的修辞阅读理论认为,无论是文学文本、批评文本、还是哲学文本,都在使用修辞性(rhetorical/tropological)的语言,修辞即是一种形象性的比喻(figure),语言的比喻维度总能使文本摆脱确定的意义指涉,换言之,一切文本都是不可决断的,阅读始终处于不确定状态。反对者认为,德曼的修辞思考是把文学解读导向相对主义或彻底的虚无,一切审美价值都将不复存在,文论和批评也因之蜕变为轻佻的智力游戏或重复的机械运动。德曼曾经的同事布鲁姆就对此深感不满,在他看来,正是解构论者与各类文化研究以及文学批评所组成的"憎恨学派"一味追求"政治正确"阅读,抛弃了审美价值、个体创造性和竞争意识,直接导致了文学阅读的天地间万物凋瘁、价值消散,仅剩无章杂草在蔓延滋长[2]。

对德曼的另一重要指控是,他所代表的美国解构主义歪曲和滥用了德里达的解构思想。以实用主义哲学家理查德·罗蒂为首的批评者认为,德曼以及耶鲁学派没有贯彻德里达的反本质主义的哲学策略,相反,他们本着急于成事、为我所用的目的搞出了一套文学本体论,用文学中心替代了逻各斯中心,进而将新批评以来美国本土研究的文本形式主义倾向发挥到极致[3]。文本中修辞因素的重要性被无限放大,语言能指和所指的关系遭到截断。如是,阅读行为只会构成对理解的阻碍,文学实际上没有任何意义。然而,德曼等人却一边要求我们必须在"批评性的语言分析"或"文学语言学"的基础上处理意识形态问题和担负伦理责任,另一边又大谈语言从不能信守其承诺,即自我指涉的语言修辞永远不能触及外部世界的存在。在反对者看来,这无异于主张人们只能在客观实践活动中无所作为,永远不能迈出行动的第一步。因此,有批评观点认为,德里达的解构思想在美国经过接受和重构后反而丧失了原初的哲学和政治激进力量,很快转变为坐而论道的玄思与舍本逐末的纯文学论争,以至于妨害了集体利益和社会改革运动。[4]美国解构主义对解构的简单化和模式化理解甚至要为人文教育的

---

1 Marc Redfield, Theory at Yale:The Strange Case of Deconstruction in America, New York:Fordham University Press, 2015, pp. 148-149.
2 [美]哈罗德·布鲁姆:《西方正典》,江宁康译,南京:译林出版社,2011年,第1页。
3 [美]理查德·罗蒂:《后哲学文化》,黄勇编译,上海:上海译文出版社,1992年,第147-159页。
4 Terry Eagleton, Walter Benjamin, or, Towards a revolutionary criticism, London:Verso, 1981, pp. 131-139.

衰落负责，不仅由于它所营造的怀疑主义氛围让有关文学传统价值的探讨无所适从，还有在大学校园和研究中心里形成的普遍风气：教师、学生对理论的热衷远胜于文学兴趣，文学因而成为理论的附庸和试验品。[1]此外，德里达、德曼这种理论大师的解构洞见并非一般研究者所能企及，很多青年人不明就里，不去钻研前人文本，只知机械地搬运和模仿时髦的解构话语，用故作高深的方式掩饰自身学识的不足，凡此种种也让美国解构饱受诟病。

对德曼的评价还有至关重要的第三种视角，来自新闻记者、历史学家和传记作家。1987年德曼事件爆发，这位最卓越的解构批评家不为人知的过去引起了人们极大的兴趣，作者意图阐释、心理学分析和历史研究再次活跃了起来，并合力展开对德曼理论乃至整个解构的"清算"。各方关注的重点在于，第一，德曼早年的创作意图是否体现在他后期的著作中？第二，德曼排除文本外部联系，反对文学的民族性，拒斥作品诞生的历史语境的理论主张是否与他本人隐匿的政治污点有某种心理上的联系？第三，反对总体性的、非认识论的解构如何思考自身的历史？总言之，由于收录德曼个人历史的《战时新闻写作：1939-1943》的问世，围绕解构理论的传统作者中心主义批评得以复兴，解构论者和形而上学家在作者身份问题上少见地达成了共识，即不把"保罗·德曼"当成一个话语虚构或语言痕迹，而视其为一个实在的写作者，一个拥有权威影响力的理论家。这场旷日持久的战争是在理论原先极少光顾之领域进行的，德曼的生平经历遭到严格检视，他的很多言语被指认为谎言，形象和头衔也成倍增加：反犹分子、纳粹合作者、"后现代主义的瓦尔德海姆（Waldheim）"、卖国贼、盗窃公款的逃犯、伪造身份履历的骗子、寡廉鲜耻的重婚者、时常对镜自照几小时的自恋患者等等；[2]德曼的支持者则对这些事件的真实性表示怀疑。可以

---

[1] David F.Bell,"A Moratorium on Suspicion？", Publication of Modern Language Association (PMLA), Vol.117, No.3, May 2002, pp. 487-490.
[2] 在新闻界，最早公开就德曼事件发难的是《纽约时报》1987年12月1日发布的头版文章，题为《纳粹报纸上发现了耶鲁学者的文章》，《新共和》随后发表了《法西斯主义者与解构主义者》的评论文章，《洛杉矶时报》仿效解构玩弄文字游戏，将文章标题写为《把骗局放进解构中的人》[The（de）Man who put the "con" in deconstruction]。历史研究方面，对德曼战时写作的回应文字极多，其内容大意基本都能从题目中获知，如斯坦利·康戈尔德"评保罗·德曼的通敌写作"、利布雷特"从适当变形的权威走向德曼的极权主义操演"、艾伦·斯托克"德曼与罪"、斯蒂芬·布雷齐乌斯"共时理论与赦免令：'是你吗，布鲁贝？'德曼的战时写作"等等。[以上均出自哈马赫等人编撰的评论文集《回应：关于德曼的战时新闻工作》（Responses:On de Man's Wartime Journalism）]德曼的人生经历早先主要来自友人和同事的回忆，其后期生活在《社会中的批判：访谈录》（Criticism in Society:Interviews）、《阅读德曼的阅读》（Reading de Man Reading）中有所体现，但德曼本人对自己抵达美国之前

说，这些论争的意义主要是让我们无法忽视德曼其人其思的复杂性，因为其中绝对大多数意见业已脱离学理范畴，趋于情感表露和意气用事，好像在说德曼个人的品行问题关系到解构的成败。当然，也有少数观点试图将讨论"框定"于"理论"之内，例如德里达在悼念德曼的文章中反问道："为了四十五年前报纸上的旧闻而向一个死者发起指控，而且将这种指控扩大到一种'理论'以及所有对之欣赏并加以阐发的人，这种做法难道不是很可笑和不道德吗？更何况这一理论本身已经遭到简单化和同质化？"[1]德里达还以少有的直率态度谈论了他对"友谊"、"记忆"、"哀悼"、"他者"、"许诺"的看法，更重要的是，他的言语行动解释了解构与历史的关系，这个问题在十多年后也得到了更为清晰的表述："解构全然不是非历史的，而是别样地思考历史。解构是一种认为历史不可能没有事件的方式"[2]。

  无论如何，这些都不是我们放弃阅读德曼的理由，这场理论纷争也远未结束。德里达与德曼之间最"适宜"的连接词无疑是解构，然而时至今日，"解构"一词已远远不能囊括他们和后继者们的思想图景，我们需要把注意力集中到具体的批评家及其文本上来。保罗·德曼的主要著述有：Wartime Journalism:1939-1943（《战时新闻写作：1939-1943年》）、Critical Writings:1953-1978（《批评文集：1953-1978年》）、Blindness and Insight:Essays in the Rhetoric of Contemporary Criticism,1971（《盲视与洞见：关于当代批评修辞学的论文》，1971年）、Allegories of Reading:Figural Language in Rousseau,Nietzsche,Rilke,and Proust,1979（《阅读的喻说：卢梭、尼采、里尔克与普鲁斯特的比喻语言》，1979年）、The Rhetoric of Romanticism,1984（《浪漫主义修辞学》）、The Resistance to Theory,1986

的经历讳莫如深，即便是同属解构阵营的朋友也知之甚少。2014年面世的第一本德曼传记《保罗·德曼的双面人生》（The Double Life of Paul de Man）唤起了人们对德曼早年生活的关注，作者伊芙琳·巴瑞什（Evelyn Barish）经过二十多年的走访查证，前往德曼出生地比利时查阅档案资料，完成了这部旨在质疑传主的传记作品，书中披露了大量惊人的秘闻，比如德曼离开亲纳粹的《晚报》，并非出于自愿，而是诬告同事失败的结果；德曼在创办出版社期间曾伪造收据诈取钱财，并被比利时法院缺席审判定罪；德曼赴美之初多次提交虚假的成绩证明，凭借不存在的硕士学位申请攻读哈佛大学比较文学博士；德曼与前妻正式离婚时已重婚十年之久……伊芙琳是如此看待自己这项多少有些吃力不讨好的工作的："这项关注德曼人生前三分之二阶段的研究提供了另一种讨论其理论的方法——而且这可能是其它数以千计的方法所做不到的……德曼的职业生涯的成功既反映了这个时代的动荡，也映射出我们自身的诸多缺陷（vulnerabilities）"。（Evelyn Barish, The Double Life of Paul de Man, New York and London:Liveright, 2014, p. 12）当然，目前这本传记也与它的传主保罗·德曼一样处于争议之中。

---

1 Jacques Derrida, Mémoires pour Paul de Man, Paris:Galilée, 1988, pp. 219-220.
2 [法]雅克·德里达：《德里达中国讲演录》，杜小真、张宁等编译，北京：中央编译出版社，2003年，第68页。

（《抵制理论》，1986年）、Aesthetic Ideology,1996（《美学意识形态》，1996年）等，还有与德里达、米勒、布鲁姆等人合著的论文集Deconstruction and Criticism,1979（《解构与批评》，1979年）。

第二章 解构之为哲学书写

尽管解构之思也许具有更为幽昧久长的理论源头，但德里达作为完成解构的系统性筹划并将之铺散蔓延的大成者，学界并无异议。当然，德里达的解构思想并非凭空而造、解构的实践也绝非漫无边际，而是有着深厚的学理渊源和批评对象。具体而言，解构正是在对传统形而上学的批驳消解中，不断体认其哲学策略，特别是"书写"观。

德里达的哲学，首先要解构逻各斯中心主义。德里达发现，传统哲学对世界的把握通常依托于二元对立的模式，即从两个互不相容的概念对项中分出高下，使某一项在逻辑、价值等方面统治另一项，例如自然/文明、真理/错误、理性/感性、言说/书写等等，而所谓"形而上学"，就是哲学把这些优先项当作不可怀疑的第一原则，来构筑整个意义思想的等级秩序。针对这种状态，德里达抓住了言说和书写这一组至关重要的对立作为突破点。在他看来，语言问题决不仅仅是语言学学科所要面对的问题，它早已进入各个思想体系和学科建制中，成为普遍的难题。形而上学体系构建的第一步就是明确言语和文字何为本原。从这个意义上说，西方思想文化对文字的压迫由来已久，从述而不作的苏格拉底开始，形成了重声音、言语，轻书写、文字的语音中心主义传统，语音被看作最接近思想本义的介质，文字则不过是不得已而用之的替代品。

这一套真理话语的运作机制被当代理论称为"逻各斯"，存在、本质、本原、真理等"超验所指"都是逻各斯的别称。逻各斯是理性言说（speech of reason），逻各斯中心主义包括强调在场的本体论假设，和以语音为中心的语言学构想，这一观念强调言说就是思想，就是事物本身，"逻各斯是从思想流出并通过嘴发出的声音之流"[1]。德里达要解构逻各斯中心，自然得从语言学入手，将形而上学最根本的二元对立"说"与"写"彻底颠覆掉。德里达的"文字学"，顾名思义，就是研究"书写"或"文字"的一门"科学"。解构的基本战略就是在各种反对"书写"的形而上学体系中发现隐没的"文字"，揭示一切言语交流和阅读都具有"书写"的特征。文字学实践对形而上学语言进行置换，将言说即思想的在场揭露为幻觉，从而达成"中心"结构的拆解。

---

[1] [德]伽达默尔：《真理与方法》，洪汉鼎译，上海：上海译文出版社，1999年，第407页。

值得注意的是，德里达的"文字学"并不符合一般科学的定义，它没有明显的判断和命题，也不追求真理性认识。那么，我们只能将文字学理解为关于"科学"的科学，"文字学必须将科学理念、规则与存在论神学、逻各斯中心和语音中心的联结彻底破除"[1]。德里达强调，文字学是对科学的铭写（inscrit）和限定（dé-limite），是关系到科学本身的可能性存否的科学，因而是一种"双重科学"或"双重书写"，它必须寻找和强化能够超越逻各斯中心和封闭结构的东西[2]。

这也意味着，解构的运作不仅仅是简单的否定，而是身处哲学和科学之中力求改变的思想行动。解构本身必然是一种哲学书写，它在各种问题域中四处出击、且战且进，笔锋所向，涉及意识与无意识、人类学、语言学、疯狂认知、符号学、分析哲学、存在观等等。在二十世纪多个重要的哲学议题之上，解构有破有立、触笔生花，留下了深刻的笔迹。而这一切，无不昭显出，解构并非空泛的体系构想，而是将哲学之思转化为了一种真正的书写。

第一节 解构意识与无意识

当代理论对意识问题的研究越来越深入，肇其端者无疑是二十世纪初的现象学运动和精神分析学说。而对德里达而言，这两者，既是其解构思想的重要来源，同时更是其书写策略的实施对象。

一般认为，胡塞尔的先验现象学和内时间意识现象学与弗洛伊德"梦的解析"是两种完全不同的探讨思路。不过，德里达却以书写符号为线索，引出两种理论的互通性并对两者进行了批驳：意识与无意识概念的分割受形而上学认知论摆布，胡塞尔提出作为意识内在形式的"精神独白"和现象学书写是为了保持意义的纯粹在场，这符合逻各斯中心主义的一贯规划；弗洛伊德发现的"梦的书写舞台"近似于延异的运作，不过精神分析本身仍构成对不可分析的无意识的强力压制。

一、德里达与胡塞尔意识现象学

胡塞尔意识现象学是德里达解构思想的一大来源，德里达早期的几部

---

[1] Jacques Derrida, Positions, Paris:Minuit, 1972, p. 48.
[2] Ibid.

论著《胡塞尔哲学中的发生问题》（1954）、《胡塞尔<几何学的起源>引论》（1962）[1]、《声音与现象：胡塞尔现象学中的符号问题导论》（1967）都以胡塞尔哲学为研讨对象，"différance"的基本用法也在《引论》中出现。如果再结合后来德里达对海德格尔的批判继承，还有与列维纳斯思想上的相互致意，我们就更能觉察到德法现象学运动对解构理论以及人类思想的深远影响。

"意识"（bewußtsein）是现象学的研究起点、对象、根据和目的，胡塞尔哲学讨论的"意识"大大扩展了通常意义上的心理意识的定义，并把它当作所有现实意义的构造基础，是生发世间万物的本原。意识的根本特点是意向性，故而先验现象学采用的方案是"意向性还原"，即先验地排空一切认知预设和经验基础，返回到最直接的客观性现象上来，也就是"回到事物本身"(Zurück zu den Sachen selbst)。意向直观所显示的意义如果要在认识中实现，必须以语言为中介，而它应该是一种客观的现象学的语言，胡塞尔借用德语词"Löwe"（狮子）说明这种语言的特点："它在其无论是谁所作的无论多少次的表达中，始终是同一东西。"[2]与传统形而上学的日常语言不同，现象学语言被设想为直接面对事物本质，是意向性关于意义的绝对表达，它的符号与逻辑、语法和意义保持着内在一致关系。胡塞尔进而对语言符号作了现象学意义上的概念区分，划分为"表述"（ausdruck）和"指号"（anzeichen）两个部分，前者符合意识要求的"纯粹语法"，是意向性的直接表达，因而是意识的内在形式；后者仅指示某个对象而不承载任何含义（bedeutung），所以外在于意识，"指号落在了绝对的理想的客观性内容的外围，也即落在了真理的外围"[3]。所以日常生活中的声音和文字都是指号，不属于纯粹意谓活动，和意向意义没有本质联系，现象学的意义（noema）是观念对象，它"在场"，但不是能被指示的实在（realität）。

德里达分析认为，胡塞尔把指号的物质性（非透明性）视作对意义纯粹在场的威胁，为了让作为意识的内在形式的"表述"系统避免和指号过多纠缠，需要引入一个"中项"（médium）[4]，也就是现象学的"声音"，"现象

---

1 下文简称《引论》。
2 [法]雅克·德里达：《胡塞尔<几何学的起源>引论》，方向红译，南京：南京大学出版社，2004年，第180页。
3 Jacques Derrida, La Voix et Le Phénomène, Paris:Presses Universitaires de France, 2009, p. 31.
4 médium一词在法语中还有"招魂巫师"的含义：Personne pouvant servir d'intermédiaire entre les hommes et les esprits,selon les spirites.（根据神灵的指示，能够充当人和魂灵交流的中介的那类人），参见《拉鲁斯法汉词典》，第978页。按：德里达对该词的使用与他后来提出

学的声音是具有先验色彩的声音……它只对自己说话，对自己在场，而对世界来说它不在场……（它是）所指概念与复杂的能指声音的统一。"[1]而声音的特殊作用就是保持"活动的理想对象"（即"活生生的意识"）在场，"它（理想对象）的理想存在既然在世界之外就一无是处，它就应该在一个中项中被构成、被重复，被表达，而这个中项无损于在场和追求它的活动的自我在场：这个中项既保持了面对直观的'对象的在场'，又保持了自我在场，即活动对自身的绝对靠近。对象的理想性只是相对于一个非经验的意识而言的存在，它只能在一种因素中被表述，这种因素的现象性并没有世俗的形式。声音就是这种因素的名字。"[2]现象学的声音其实是意向性的"想要说"，它不是真实存在的话语，而是一种不求助于指号的内在表述，是现象学独特的自白。

既然胡塞尔现象学提出了对"声音"的全新理解，力图尽可能地减少语言符号问题对意义在场造成的干扰，那么"书写"的作用也很快被重新发明了出来。由于"精神独白"只可意会，无法进入交往话语，所以现象学家认为真正的交流必须以全新的"文字"为媒介，而担负这一重任的只有几何学等少数由公式定理组成的科学。胡塞尔认为，几何学能成为一门科学，正好说明了人是如何在不借助语言工具的情况下自由交流内在想法的，几何学的"共时性"、"客观性"和"理想性"是对主体间的内在交往的有力保证。因此，现象学书写保留、传达和理解意义，写就的是观念之"书"，思想之"书"，通过"书"就可以唤醒意义的"沉积"，让理想对象和意识活跃起来，从而保证了重复创造的历史性和无限开放的时间性。

总体看来，胡塞尔现象学更新了对语言"说"和"写"的功能的理解，精神独白、数学公式和几何定理替换了原本不可靠的指号系统，从而将理想性的透明意识传导出来，此即意向性的表达和回溯（Hinzeigen）。虽然胡塞尔坚持纯粹意义在场和意谓作用的先决性，但实际上他的论述也把意义当成了一个动态建构的过程，拥有保持活力、不断出新的历史。这不能不说是一次对传统形而上学在场理论的有力冲击。尽管如此，德里达还是认为胡塞尔重走了传统形而上学的老路。究其实质，胡塞尔并未改变声音和书写之间形而上学的等级关系，他仍将"说"视为意向性表达的中项，将"

的"幽灵性"（spectralité）和"萦回学"（hantologie）之间隐然存在某种"家族相似性"。
[1] Jacques Derrida, La Voix et Le Phénomène, Paris:Presses Universitaires de France, 2009, p. 16.
[2] Ibid，p.85.

写"看作"说"的替补,在它们之后有一个更加本源的意义世界。而且,胡塞尔在语言问题上坚持"表述"和"指号"的二元对立,将符号的差异系统逐出意识学说的领域,这让现象学的语言观带有浓重的逻各斯中心主义时代和语音中心主义的色彩。

德里达指出,语言符号在任何情况下都不能被切割分离。首先,日常交往话语中表述和指号的交织状态显而易见,出"我"之口入"他"之耳的声音和手势表情都是可感的指示性要素,而且这一过程中我与他人的关系是不可还原(排除)的,因为一个主体的心理体验并不向另一个主体直观敞开,听话者无法确认表述是表述,只能把它当成指号来接受,"一切交往话语中的表述都是作为'指号'在起作用"[1]。其次是现象学的声音,德里达称其为"现象学的精神独白",他指出,胡塞尔"精神独白"的根本依据在于"意识自身在场",即意识在"在同一时刻(im selben Augenblick)对自身在场体验的同一性",或者说"实显'当下'(gegenwart)的自身同一性"。意识自身在当下这个"点"上具有纯粹的自触发力,现象学的声音是非物质的、透明的,所以能确保意识的自触发:当我和我自己说话时,我"知道"我自己想说什么。德里达认为,"当下"在胡塞尔现象哲学中享有某种优先性,"它("当下")定义了哲学思想的因素本身,它就是自明性(l'évidence)本身,即意识的思想本身,它支配着真理和意义的全部可能的观念。"[2]但是,"当下"终究是"点"的时间形式,它是即刻性的,而非永久性的,"当下"处于"过去"和"未来"之间,后两者都不"在场"(présent),所以"当下"也不是自明的,当下的意识"独白"必然包含着过去的经验和记忆,这种回忆属于不在场的非表述的指号系统,也就是说,作为意识内在形式的独白表述也建立于指号的基础之上,非指示性的直接的表述是不可能的。"我"和我自己的对话是意识一分为二的交流,"我"这个词具有匿名性,它是一个语言中无限被重复的能指,"我们了解'我'这个词,不仅仅是在其'作者'是陌生

---

[1] [德]埃德蒙德·胡塞尔:《逻辑研究》第二卷第一部分,倪梁康译,北京:商务印书馆,2015年,第331页;A23/B123。
[2] Jacques Derrida, La Voix et Le Phénomène, Paris:Presses Universitaires de France, 2009, pp. 67-70.按:"gegenwart"是胡塞尔现象学时间意识分析中的重要概念,一般译为"现时"或"当下","当下"不同于过去和未来,它无法被回忆和记忆,只能通过感知把握,"lebendige gegenwart"即"活的当下",指当下意识的统一,它与胡塞尔后期强调的"生活的世界"(Lebenswelt)关系紧密。这里德里达在概括胡塞尔思想时将"gegenwart"译为"maintenant-présent","maintenant"(现在)在法语中容易让人联想到"maintenance"(维持),德里达试图用文字游戏说明的是,维持一个既有即刻性又有永久性的"当下"是不可能的。

的时候，而且是在他完全是虚构的时候，或者当他已经死亡的时候……'我'的能指价值不取决于说话的主体的生命。"[1]"精神独白"的主体"我"不是统一自足的，它不可避免地包含着过去和未来，并向他者敞开。

德里达还从胡塞尔本人不甚在意的"无意识"入手。关于与"意识"相对的"无意识"，胡塞尔的看法是，无意识（unbewußtsein）一直处于意识之外，意识具有绝对的原初性、给予性和明见性（Evidenz），牢牢掌控着无意识并在认识论上占据优先地位；而无意识作为意识活动中的"被动性"现象，是原意识构造之后的某种滞留或遗存。需要注意的是，胡塞尔对无意识的理解与精神分析学派有本质区别：现象学意义上的"无意识"是指无觉知、非显现的、基本没有触发（affektion）的不清醒的意识状态，这个术语在大多数时候直接关联的是印象、滞留、前展这些时间形式，因而不属于心理学无意识问题的视域。然而细察之下，我们发现，现象学的"无意识"更像是仿照"意识"的特点反向构建出来的参照物，在评判标准和理论应用上并无特别之处。胡塞尔的"无意识"未必真的在"意识"之外，"一个无意识的内容的滞留是不可能的"[2]这一命题既重申了意识相对于无意识的优先性，又确认了两者的同质性。这样一种"无意识"很像意识书写下的，是意识的构造性滞留或积淀，从精神分析的意义上说，胡塞尔无意识现象学讨论的其实是意识三阶段中的"前意识"。

关于"书写"的定义是德里达解构胡塞尔的另一要点，胡塞尔的理想书写是本源语言世界"说"的延展，以"虚拟化"的交往反映"绝对恒久的观念的客观性"[3]，这种书写不仅是保持语音在场的真正的交流方式，也让几何学成为一门科学的"写"的活动。然而在德里达看来，书写绝不只是充当语音和意义的中介，因为，"写"是漂泊不定的延迟的"痕迹"，文字不是语音或思想的记号，它没有保存真理、忠实地反映意义的能力。而且德里达提出，在所谓"表层"的书写痕迹下，并不存在一个先验现象学的"深层意义领域"，书写下的文字是不能仅凭声音辨别的，其运行体例只有无穷无尽的差异、延迟和替补。

胡塞尔无意识现象学的不彻底性让德里达发现了解构在场形而上学的

---

1 Jacques Derrida, La Voix et Le Phénomène, Paris: Presses Universitaires de France, 2009, p. 91.
2 [德]埃德蒙德·胡塞尔：《内时间意识现象学》，倪梁康译，北京：商务印书馆，2009年，第158页。
3 Jacques Derrida, Le Probleme de La Genese dans La Philosophie de Husserl, Paris: Presses Universitaires de France, 1990, pp. 87-88.

可能。德里达的"解构"继承了胡塞尔和海德格尔"拆解"形而上学的思想任务，同时也对现象学和存在哲学本身的形而上学观念提出挑战，作为解构策略的"替补"及"替补逻辑"即发轫于此。德里达认为，胡塞尔现象学隐藏着寻找意义本原的冲动，但现象学回溯的方式总要面对不可避免的"延迟"（le retard），"理想性对非理想性的替代，对象性对非对象性的替代是无限推迟的。"[1]"延迟"意味着最初的本原不可找寻，或者说这种找寻会一直处在延迟之中，在这个意义上，本原遗留的踪迹代替了本原，找寻踪迹代替了找寻本原的行动。海德格尔对存在的本真状态的追寻也不能令德里达满意，他认为海德格尔是以另一种形而上学取代了形而上学，原初的"存在"或永久的"在场"不是存在者与存在同一的无蔽状态，更像是逻各斯中心主义的概念配置，用存在或在场的踪迹补充不在的"在场"，"……存在的意义并非先验所指或超时代所指（即使它本身始终隐藏在这个时代中），而是前所未有的确定的能指痕迹。"[2]德里达坚持认为，在场和缺场根本无法确定，能确定的只有介于两者之间的踪迹的延搁，也就是踪迹对本原的无限替代运动。本原形而上学的替补结构和替补运动虽然以形形色色的面目呈现，但它们的肌理和运作方式却是同质的，即"différance"（延异），延异是差异中的变化，是时间上的推迟和空间的间隔，是时间差异化或差异时间化，因而也是时间空间化和空间时间化的真正结合。

德里达对胡塞尔的意识思想的解构工作，一方面将其视为典型的在场形而上学和逻各斯中心主义，另一方面指出了胡塞尔"书写"观的缺憾，可以视作是一次对意识现象学筹划的重新书写。但从其论述来看，并未探入无意识领域，可能是由于阐明意识现象学试图掌控无意识（书写）的努力归于失败，加之"表述"和"指号"二分的做法也不能帮助意义直接向主体呈示。

就此而言，德里达进一步的无意识的阐释，是在对弗洛伊德的批判性继承或书写中实现的。

二、德里达与弗洛伊德精神分析学说

虽然胡塞尔哲学也有"无意识现象学"的说法，但真正使无意识成为一

---

[1] Jacques Derrida, La Voix et Le Phénomène, Paris:Presses Universitaires de France, 2009, p. 112.
[2] Jacques Derrida, De la grammatologie, Paris:Minuit, 1967, p. 38. 中译参见[法]雅克·德里达：《论文字学》，汪堂家译，上海：上海译文出版社，2015年，第31页。

项独立研究的是弗洛伊德精神分析学。德里达与弗洛伊德关于无意识的"对话"是其"延异"思想的直接来源，或许应该说，德里达的延异思想，虽然来自弗洛伊德的直接激发，但从其表现上看，可以视为是对其相关思想的再次书写。

根据弗洛伊德的理论，意识和无意识之间存在对立关系：清明理性的意识缺乏力量，但一直在尝试压抑无意识本能冲动；无意识混乱盲目，却也广阔有活力，在心理动力学意义上暗自操控着意识。"压抑的复现"（return or recurrence of the repressed）是无意识持续活跃的证明，被意识压抑和屏蔽的记忆铭写入无意识之中，以"强迫重复"（repetition compulsion）的形式表现出来，也就是人有时会不自觉地对过去的创伤事件作出反应，例如弗洛伊德医治过的病人安娜·O，她因为童年时看到狗伸嘴进杯子喝水，受到刺激，成年后患上了不能喝水的怪病。

除了典型的临床医学案例，人的欲念或愿望一般会通过梦曲折地反映出来，过往记忆在梦中形成无序堆叠的痕迹，梦就是无意识的书写空间。德里达从弗洛伊德无意识理论中看出了解构的运作："醒"的意识是在场、显现的，它没有痕迹；梦的无意识不在场，它是不可见的"水下冰山"，只有持续重叠的痕迹的差异，"记忆因而并不只是许多心理特性的其中一种，它是心理现象的真正本质——抵制，并通过抵制向痕迹的闯入敞开。"[1]记忆只保留片断痕迹，它是不透明的、模糊的，所以无意识记忆能抵制在场意识的占有和转写。德里达引用弗洛伊德的"魔簿"[2]来说明这种抵制是何以可能的：一块深色涂蜡的纸板，表面覆上一层蜡纸，蜡纸之上还有一层玻璃纸膜，当人在玻璃纸膜上写字时笔尖和蜡板就会共同作用在蜡纸上，从而形成字迹，然后撤去上面的纸膜，字迹消失，但在蜡纸和蜡板上留下了从深到浅的痕迹，蒙上新纸膜重复写，最表层的字迹总是清晰可见的，但蜡纸和蜡板上的痕迹却越来越模糊。在这一过程中，意识的内容就如玻璃纸膜上的字迹，尽管每次都清晰可辨，但是会不断遭到删除重写；前意识[3]和无意识则如蜡纸和蜡板，虽然保存下来的痕迹模糊难识，却隐晦地"显

---

1 Jacques Derrida, L'Écriture et La Différence, Paris:Seuil, 1967, p. 299.中译参见[法]雅克·德里达：《书写与差异》，张宁译，北京：三联书店，2001年，第364页。译文略有改动。
2 Sigmund Freud, The Standard Edition of the Complete Psychological Works(24 vols.), vol.xix, pp. 228-229.
3 弗洛伊德把心理过程划分为三个层次：意识、前意识、无意识，前意识也受意识压抑，但是它可以转化为意识，因而仅仅是描述意义上的"无意识"，前意识的功能主要是在意识与无意识之间从事警戒，防止无意识本能欲望进入到意识之中。弗洛伊德对"无意识"的发现不是传统认识论式的，他的研究建立在大量的临床医学实践上，从心理学和科学角度看，弗

出一幅"写"的图画,我们可以称之为"梦的文本",德里达用"弗洛伊德与书写舞台"中的"舞台"(scène)一词提示我们,梦是可以用来观看和阅读的。

心理痕迹的产生具有时间化和空间化的特征,这符合书写的一般定义,精神分析中的记忆系统能够保存痕迹的差异,使之成为外在的印记,这相当于再生产的过程,纷扰无定的无意识对意识起着补充作用。弗洛伊德曾一度致力于梦的破解和转译,他在《释梦》中提出了几种方法,凝缩和移置近似于某种隐喻策略,表露和修订则是意识经过扭曲、分散、拣选和拼接后呈现出意义。按照德里达的看法,弗洛伊德对"梦"的转译(转写)计划不同于心理学、自然主义和现象学的一般方法,梦的书写和梦的解析不是密码和密码本的简单对照,因为梦中的内容并不遵循现有的语法结构,而是混合了大量社会文化和集体历史要素的无意识创作,原有的符码在经过观念变形后已不再是能指和所指的固定结合。弗洛伊德认为,不该将梦的阐释当成一项字典编纂工作,前人所谓"龙预示着王权"、"蛇象征疾病"、"青蛙代表骗子"等解释不能揭示无意识运作的差异性和独特性,书写系统从根本上消解了现实场景以当下在场的形式返归意识的可能性,更何况梦书写的是一种象形文字,它不能被还原为清晰的言说,梦的语音记录早已被编入某种"沉默的书写之网"中[1]。德里达指出,尽管弗洛伊德仍有从梦中分析出明确意义的形而上学企图,但他的学说基本上摆脱了在场思想的桎梏,从索解普遍性、规律性转向研究心灵书写中不可控的要素,这可以从弗洛伊德对解"梦"语言的双重限制上获知:其一,无意识的能指材料不会被意指穿透,一种词语机体不会被另一种完全取代,譬如诗的语言,依靠一般的规则将梦语翻译成别的语言是不可能实现的;其二,无损失的翻译不仅在同一平面的位移中没法成功,在垂直方向上也是不可能的,不存在一个单独在场的梦,它总已经是对某个更原始的场景的重复,同样的,无意识也不可能完全转化为前意识或意识,因为无意识的梦并不是一个已经确定的文本,不会作为雕像、石刻、档案被搬到某个特定的意识环境中[2]。无意识与意识之间存在着深刻的断裂,即所谓"梦之脐带",弗洛伊德主要通过癔症(Hysteria)治疗中的催眠疗法,以及后来用于释梦的凝缩、移植、表露和修正等方法,对神经官能症、精神错乱及日常生活中的举止失措展开研究,进而证实无意识状态存在。德里达对无意识的哲学洞见和理论思辨有本质区别。具体参见[奥]西格蒙德·弗洛伊德:《精神分析引论》(1915-1917),《弗洛伊德文集》(第三卷),车文博主编,张爱卿译,葛鲁嘉校,长春:长春出版社,2004年。

---

[1] Jacques Derrida, L'Écriture et La Différence, Paris:Seuil, 1967, p. 308.中译参见[法]雅克·德里达:《书写与差异》,张宁译,北京:三联书店,2001年,第376页。
[2] Ibid, pp. 311-313.中译参见《书写与差异》第380-381页。

洛伊德和德里达均认为，应该剪断无意识与意识、文本与作者之间的母体联系，从而跨入真正的未知领域。

德里达之所以如此重视弗洛伊德，正是因为后者发明了一套源自"写"的解"梦"话语，无意识作为书写是对记忆的痕迹拓路（bahnung）[1]，解"梦"话语在某种意义上也是对语言文字功能的开拓。从弗洛伊德开始，很多传统形而上学概念、临床医学和心理学术语都更新了定义。德里达认为，弗洛伊德的"后遗"（nachträglich）概念可以用来说明意识和无意识的延异关系：如果人有过巨大创伤的经历（尤其在儿时），身体和心灵可能不会立刻产生疼痛的感受，对这类痛苦体验的真正理解多数发生于日后的某一时刻，创伤事件是通过后遗效应在不经意间确立起来的。这是因为，人出于自我保护的生的本能不愿直面创伤，特别是剧烈到难以名状、难以被意识理解程度的伤害，生命会将其暂时转入无意识的沉积之下，从而推迟暴力的发生。德里达认为，精神分析学说的后遗效应包含着一个"生命-意识"与"死亡-无意识"交织的假设命题，一方面，前者通过与后者的对立保卫自身，生命（活的现在）会自觉抵制死亡（难以辨识的记忆痕迹）的可能威胁，死亡在某种程度上反倒成为对生命的保护；另一方面，"死亡-无意识"的存在又依赖于"生命-意识"对其的不断重复、延缓、变异，从而在时间性中展开，构成新的欲望驱力，"印迹产生中的所有差异可以被重新解释为延异（différance）的不同时刻……这一运动被描述为生命在推延危险投资，即通过构建一个储备（réserve/Vorrat）来保护自己的努力。威胁性的支出或呈现借助拓路或重复而得以推延。"[2]而且，只有这种"延缓"（Verspätung）、"延异"（différer）才是真正原初性的，原初性的延缓意味着"无源"（non-origine）。

这就是德里达认为的，弗洛伊德"延异"思想的问题之所在。如果我们只将"延异"考虑为弗洛伊德著作中那种"现实之愉悦关系的构成性迂回（Aufschub）"，那么关于死亡的思考中就会衍生出一种经济学或经济手

---

[1] Bahnung是精神分析的科学术语，它是指能量在神经元上留下痕迹，主要涉及Q η在Ψ系统中留下的痕迹。德里达在《Freud et la scène de l'écriture》（弗洛伊德与书写舞台）中将其翻译为法语词frayage，意为"开拓通道"，此外，笔者发现，联想词rayage在法语中有"划痕"、"刮痕"的含义。另外，J.米勒在英语导言中指出，德里达对Bahnung的转译，抓住了书写或铭写活动的施力特征。参见《耶鲁法国研究》第48期，《法国弗洛伊德：对精神分析的结构主义研究》专号（1972），第73-74页，耶鲁大学出版社出版。
[2] Jacques Derrida, L'Écriture et La Différence, Paris:Seuil, 1967, p. 300.中译参见[法]雅克·德里达：《书写与差异》，张宁译，北京：三联书店，2001年，第366页。译文略有改动。

段，讨论的重点就会转移到"如何用死亡保护生命"这个问题上，这等于让"生命"本体化了，好像真的存在一个"在场然后将以延异的方式来自卫、自行延迟并自我储存的生命"，同时我们也不能轻易说"延异构成了生命的本质"，因为"如果存在被规定为存有（ousia）[1]、在场、本质/实存，实体或主体的话，那么，既不是一种本质也不是什么别的东西的延异，就不是生命。"因此，"在将存在确定为在场之前，应该认为生命如痕迹一般"[2]。记忆痕迹就是"死"，无意识代表死的本能冲动，它与意识自我保护的生的愿望相互萦绕，"死"不是"生"的对立面，正如无意识决定意识，是前生命状态的、超越时间的"死"在时间之流中引出了"生"，而"生"是对"死"的不断重复，是意识与无意识之间永久断裂的再三回想，在这个意义上，任何原初性的、完满自足的"生命"和起源在场都是不可能的，"无意识文本已经是纯粹痕迹和差异的编织……它在任何地方都不在场，是些原初的刻录（estampes）。一切始于复制。它总已经是一个永不在场的意义储藏库，在场的意义总是以延缓、后遗、事后、替补的方式被重构：后遗也意味着替补。"[3]

在德里达那里，起源的追溯是不可能的，它"总已经是"一个不在场的后遗症般的替补。不光意识之为起源的在场是不可能的，在场意识及意识自身也是某种幻觉，因为无论是"当下"还是"活生生的当下"都是永远不会被把握的，"现在"是"过去"向"未来"的延异，是一个综合了无数他者的复合体，而不是一个逻各斯中心或纯粹的意义世界。因此，无论是胡塞尔或是弗洛伊德，德里达均对其追求在场性的谋划进行了深入剖析和重新书写，从而发展出解构相关的策略。

第二节 解构"疯癫史"写作

解构主义所针对的主要目标之一，是20世纪中前期风行学界的结构主义，这一点已经为人所熟知。1966年10月，德里达在美国约翰·霍普金斯大

---

1 ousia最早是亚里士多德在《范畴篇》和《正位篇》中提出的一个存在范畴，是对on的研究。近代，ousia进入现象学的研究领域，列维纳斯《从存在到存在者》（de l'existence à l'existant）中对这个概念进行了现代诠释，德里达在"Ousia与Grammè：对《存在与时间》里的一条注释的注释"中对亚里士多、黑格尔、海德格尔的时间概念进行解构。（参见《解构与思想的未来》，第179-233页）
2 Jacques Derrida, L'Écriture et La Différence, Paris:Seuil, 1967, p. 302.中译参见[法]雅克·德里达：《书写与差异》，张宁译，北京：三联书店，2001年，第368页。
3 Ibid,p.314.中译参见《书写与差异》第379页。

学发表了题为《人文科学话语中的结构、符号与游戏》的讲演,这篇论文当即被人视为与结构主义针锋相对的解构主义宣言。当时的德里达认为,结构主义一边反对传统形而上学的中心,另一边却悄然围绕着换了新名称的中心建构,因此他开始不遗余力地批判结构主义。除了66年讲演对列维-斯特劳斯结构人类学"人种中心主义"的指摘外,他早在1963年就撰写了《力量与意谓》(Force et signification)和《我思与疯狂史》(Cogito et histoire de la folie)两篇批评文章,前者是对结构主义共时性文学观的批评,后者则直指另类思想家[1]福柯的成名作《古典时代疯狂史》,由此产生了一场时间跨度近三十年的"疯癫"[2]之辩。

德里达对福柯《疯狂史》写作的批评,具有非常特殊的意味。一方面,福柯一直否认自己是结构主义者,另一方面,福柯却又曾公开承认《疯狂史》的写作,深受"结构"概念的启发[3]。这使得德里达对《疯狂史》书写的反思,横跨了多个思想维度。1991年12月,在纪念《古典时代疯狂史》[4]出版三十周年的研讨会上,德里达发表《公正对待弗洛伊德:精神分析时代的<疯狂史>》一文,以示对福柯的追悼和最后回应,他在这篇回应中消释了人们对当年论争焦点的疑问:为什么是笛卡尔?德里达总结说,笛卡尔的"我思"如幽灵般在弗洛伊德和福柯文本中徘徊,它提供了"疯狂史"写作成为可能的契机,也让精神分析理论得以构建,因为"我思"就是主体和科学主体的问题,用拉康的话来说就是,苏格拉底,笛卡尔,马克思,弗洛伊德这些人都无法"被超越",因为他们对自己的研究满怀热忱,

---

[1] 1978年1月26日,《纽约书评》刊发了一则美国学者吉尔茨(Geertz)对福柯的评价:"一个非历史的历史学家,一个反人本主义的人文科学家,一个反结构主义的结构主义者"(a nonhistorical historian,an anti-humanistic human scientist,and a counter-structuralist structuralist)这段点评被认为精准地命中了福柯思想的另类特征。

[2] Folie在法语中的基本含义是:"疯"和"愚"。《古典时代疯狂史》中文节译本《疯癫与文明》的"疯癫"或可兼顾这两层意涵,而英语译本使用的madness虽有"愚"的含义,但该意义更常见于fool,因而容易造成误解。西方文化传统中的"疯人"形象在其他文化中缺少对应者,传统认为,"疯人"虽然看上去痴傻呆愚,但却能言说真相,昭示真理,"他说出了理性的语言,他的诙谐点醒人的可笑:他向情人说明爱情,向年轻人说明生命的真谛,为傲慢者、蛮横之徒以及骗子诉说事物平凡的现实。"(《古典时代疯狂史》,第95页)但这不是因为"疯人"大智若愚道隐于市,而是神借疯人之口向凡人示警。

[3] Michel Foucault, Dit et ecrits I (1954-1969), Paris: Gallimard, 1994, p. 167.

[4] 以下正文部分简称《疯狂史》。按:福柯这篇博士学位论文的诞生和后来处境都颇为坎坷,其成书经历和法语版本状况可参见中文译者林志明撰写的导言部分[法]米歇尔·福柯:《古典时代疯狂史》,林志明译,北京:三联书店,2007年,导言第6-22页。)需要注意的是,德里达对福柯的文本解读自始至终参照的都是1961年的初版未删改本,即Michel Foucault, Folie et déraison:Histoire de la folie à l'âge classique, Paris:Plon, 1961.其中包括长达十一页的第一版《序言》,为通行版本所缺,该文后收入Michel Foucault, Dits et Écrits I (1954-1969), Paris:Gallimard, 1994.

热忱在于揭示一个对象：真[1]。德里达的言下之意似乎是是，福柯（至少在当年）也应属于这个求真意志的伟大行列。

福柯《疯狂史》寻求的"真"是什么？在德里达看来，是理性放逐和禁锢疯癫的真相，主要表现为理智和疯癫、梦和疯癫的对立形式。福柯行文表明，针对疯癫的"大禁闭"时代发端于笛卡尔，正是他在《第一哲学沉思录》[2]中以保护思想主体的名义贬斥疯癫，将其迫逐到人类认识和思想领域的边缘，疯癫因此蒙受污名，由神之警示转变为病理学对象。福柯认为，笛卡尔怀疑论理性对待梦和一般感觉错误的方式，明显不同于处置疯癫，"梦或幻想所带来的困难，可由真相自身的结构加以解决；而疯狂却是通过进行怀疑的主体加以排除。"[3]也就是说，梦和清醒意识都是疯癫的对立面，梦是短暂的不理智，但是做梦者会因梦生疑，进而激发"我思"，尽管梦始终有其不确定性（"没什么可靠迹象能使人清楚分辨清醒和睡梦"），但它不至于真的侵扰到思想主体。疯癫则不然，它不在"我思"之内，与"我思"彻底对立：我如果在思想，就不可能疯；我疯癫，那就不能思想。在笛卡尔以前，疯癫即使遭人误解轻视，总还具有认识论上的怀疑价值[4]，但笛卡尔直接否决了这一价值可能，斥其为疯言疯语不予考虑。由此，福柯得出结论：古典时代理性全力施展进攻，使疯癫化为沉默。理智对疯癫钳口扼喉，让后者失去主体声音和所有的对话者，理性镇压了非理性的反抗，以管制和排除的暴力统治思想。在这个意义上，理性无疑比疯癫更为癫狂，形而上学让思想活动陷入同一化和自我封闭的谵妄状态。

德里达并非没有觉察到福柯《疯狂史》的反形而上学意图，他一再表示《疯狂史》是一个我们不能否认的话语事件，写作"沉寂的疯癫考古学"也是极为大胆的思想尝试。不过，德里达重点关注的仍是福柯著作中的"结构"要素和结构主义倾向，因为相比日暮西山的古典理性传统，风头正盛的结构主义思潮中潜藏的形而上学残余更具危险性，它意味着反对形而上学的努力随时都有可能成为另一种形而上学。我们首先来看德里达关于福柯误读了笛卡尔的指责，德里达的解读是，《沉思录》中并没有对梦

---

1 Jacques Lacan, Écrits, Paris:Seuil, 1966, p. 186.
2 笛卡尔讨论理性认知、感觉、梦和疯癫的原文论述，参见[法]笛卡尔：《第一哲学沉思录》，北京：商务印书馆，1986年，第15-16页。以下简称《沉思录》。
3 [法]米歇尔·福柯：《古典时代疯狂史》，林志明译，北京：三联书店，2007年，第73页。
4 福柯引用蒙田《散文集》说明"疯癫"具有的怀疑认知作用，"我们永远不能确定我们有没有发疯：'我们难道不记得，就在我们的判断里，我们也曾感到许多矛盾吗？'"（《古典时代疯狂史》，第74页）

和疯癫作严格区分，笛卡尔只是从普遍怀疑论出发论证一个命题，即人从感官上得来的认知未见得可靠，人的认知不一定要依赖感觉。梦、疯癫和其它感觉错谬一样，都是感官认知不可靠的证据，梦只不过是作为比疯癫更具普遍性的例子被举出，笛卡尔并不认为需要特别防范诸如此类的感觉错谬，因为"……'我思，即我在'这一真理是那么地确凿无疑，以至于所有怀疑论者最疯狂的假设也无法动摇它。"笛卡尔的"我思"不单是福柯所认为的纯粹理性之力，它是绝对的真理，"无论我是否疯癫，我思即我在"，只要"我思"，疯癫之思也能确认我在，"疯癫，从这个词的任何一种意义上说，都只是思（思的内部）的一个语格（cas）。"[1]疯癫和思想（理性）、疯癫和梦[2]都不是决然对立的，对笛卡尔而言，他不需要疯癫作为哲学的对立面，相反，他要让思想的真理性在最极端的情况下也能成立（疯人亦能思，"思想不再惧怕疯癫"），这等于说理性不是通过驱逐和监禁疯癫确认自身，形而上学的体系构建正是从疯癫本身获取力量并得到承认。如是，德里达解构了福柯对笛卡尔的阅读，理性和疯癫不是二元对立的结构要素，它们之间的关系是延异的。

我们可以就此回到德里达对福柯写作"疯癫史"的质疑上来。福柯宣称要为疯癫写一部真正的历史，让疯癫自己说话，用疯癫的语言而不是理性语言来说话，使"疯癫在全部意义上成为本书的主体（sujet）"。但与弗洛伊德（梦的符号学或修辞学）不同，福柯表示无意于研究"疯话"的历史，因为精神分析的研究是把疯癫当作疾病来处理的，是理性关于疯癫的独白，他想做的是"沉寂的疯癫考古学"，也就是钩沉"疯癫自身最鲜活状态的、未被任何知识捕获的历史"[3]。但在德里达看来，如果想完全弃用理性语言去写作疯癫的考古学，无非两途："要么对某种沉寂保持沉默（这沉寂

---

[1] Jacques Derrida, L'Écriture et La Différence, Paris:Seuil, 1967, pp. 85-86.中译参见[法]雅克·德里达：《书写与差异》，张宁译，北京：三联书店，2001年，第87页。译文略有改动。
[2] 福柯关于疯癫和梦是对立的观点，或许出于反对精神分析的目的。在《古典时代疯狂史》第一版导言《梦与存在》中，福柯站在胡塞尔现象学的立场批评弗洛伊德未能有效区分"表述"和"指号"，他又对梦的修辞作指示性分析，以至于在作出开放梦的无限意义的手势的同时，又立刻拒绝了这个意义的可能。福柯对梦的看法是：梦是主体以激进的方式掌握自我世界的方式，梦的形成本身显示出人的存在是"自由化为世界"（liberté se fait monde）。梦是死亡之梦，但死亡是生命的完成而非中断。参见Michel Foucault, Dits et Écrits I (1954-1969), Paris:Gallimard, 1994, pp. 159-167.由此可见，福柯的观点与视梦为典型无意识的精神分析学说有极大的区别。当然，福柯对弗洛伊德的态度是非常复杂的，《古典时代疯狂史》虽然对弗氏着墨不多，但在第二部分第四章"医生和病人"的结尾处提出"我们应该还弗洛伊德一个公道"，因为"他重建了医学思想和非理性对话的可能性"。（第482页）德里达关于福柯的追悼文标题"公正对待弗洛伊德"似乎就来自于此。
[3] Jacques Derrida, L'Écriture et La Différence, Paris:Seuil, 1967, p. 56.中译参见[法]雅克·德里达：《书写与差异》，张宁译，北京：三联书店，2001年，第56页。

仍会在某种语言和某种秩序中被决定，这种语言和秩序将保护它免受无声的感染），要么跟随疯癫者踏上流亡之路。"[1]换句话说，沉寂的疯癫是无法自我陈说、自我显形的，因为只要开口说话就必得借助语言的组织、规划、逻辑和语法，也就是与逻各斯达成共谋，以理性语言压制疯癫。福柯意欲审判所有对禁闭疯癫负有罪责的形而上学传统和理性语言，但德里达尖锐地指出，这种审判是不可能的，因为判决的流程、形式、字句本身就是在重蹈禁闭疯癫的覆辙[2]。

福柯试图跳出"欧洲语言"（语音中心主义）的无边界构架，他设想"疯狂史"写作使用的是不依赖于任何理性或逻各斯绝对性的"无支点语言"，德里达发问道："谁"能保证无根源无基础的语言？疯狂史由"谁"在写？"谁"能理解？他从"疯癫是作品的缺场（l'absence d'œuvre）"的断言中分析出福柯的形而上学诉求，即话语交流和作品撰写必先排除疯癫，疯癫一旦"在场"，就会中断言说，这与福柯对笛卡尔的解读是一致的："我思"，所以"我"不疯；"我"疯，则没有"我思"。由于有这种寻求真理的冲动，福柯《疯狂史》才会把思想中的一个"语格"——"疯癫"分离出来当成与思想相对立的结构要素，写作"疯癫史"因而也是一种结构主义的尝试，用福柯自己的话说，疯癫史写作本身意味着对历史总体的多种结构进行研究，其中包含意识形态观念、常设机构、政治和治安手段、科学理性，正是这种历史总体性让疯癫处于长期的监禁中[3]。然而德里达指出，这就是"结构"和结构主义所施加的暴力：强制设定一个理性与疯癫不相容的对立结构，用整体结构替换历史总体，以一种理性语言取代另一种理性语言，用形而上学否定形而上学，结构主义由此取代古典理性建立起新的文化霸权统治。

德里达挑选福柯作为批评对象是独具深意的，正如他认为笛卡尔能以疯癫反向证实"我思"之为必然，如果能阐明最不像结构主义者的福柯也深陷"结构的结构性"的运作当中，那么解构就能揭露结构主义的统治与形而上学的共谋关系。不过，由于这次论战影响巨大，对德里达解构主义的质疑也随之而起，包括福柯的学生皮埃尔·布尔迪厄在内的很多人抨击德里达明面上反对权威的哲学公设，暗里却试图争夺哲学阅读的权力——这与德里达针对福柯的"通过疯癫史写作排除疯癫"的指责何其相似！这不仅是对

---

[1] Jacques Derrida, L'Écriture et La Différence, Paris:Seuil, 1967, p. 58.中译参见[法]雅克·德里达：《书写与差异》，张宁译，北京：三联书店，2001年，第58页。
[2] Ibid.中译参见《书写与差异》第58-59页。
[3] Michel Foucault, Dits et Écrits I (1954-1969), Paris:Gallimard, 1994, p. 164.

福柯的声援，更涉及到解构之哲学属性的争论。巧合的是，福柯在数年后回应德里达的批评时[1]，也隐晦地指出了德里达的阅读受到某种古老的知识哲学支配："德里达是这个体系（古典哲学阐释学）在当代最重要、最具代表性的杰出人才，他把话语实践转化为文本的痕迹，省略话语实践中发生的一切，只保留阅读的发现；自始至终制造文本的言外之意以避免分析话语内容的主体介入形式；在文中确定已说的和未说的意思为本义，进而回避在变化的话语实践领域中分析它们。"[2]具体说来，福柯认为德里达谋求的是一种有关哲学话语的假设，即真正的哲学话语不会刻意排斥疯癫，哲学应该尽可能地避免划分内外，避免"我是或不是疯子"的纯粹推论。正因如此，为了维护哲学话语的特权地位，德里达必定要排除笛卡尔对疯癫的排斥，必须把原文中明显的贬斥疯癫的部分说成是前哲学的鄙陋，或是作者杜撰出的天真汉的发言。福柯认为，德里达的做法无异于对疯癫更为彻底的排除，他刻意忽略笛卡尔原文中的差异，用天真汉和哲学家的区别来解释这种差异，从而将笛卡尔对疯癫的排斥降为次级问题，最后的结果就是把对疯癫问题的探讨从哲学领域清除出去[3]。在福柯看来，解构批评是另一类阐释学教条的结果，是极端的文本主义——一切都在文本之中，而且解构批评所谓的"文本"是没有实际意义的文本痕迹，是像德里达这样的哲学家才能洞悉和反复解释的文字游戏。

由此可见，可见德里达与福柯的争论主要在于如何更好地阅读文本，前者追查逻各斯中心主义的踪迹，直到文本暴露出重重矛盾后自行解构；后者则将文本置于一个更大的、不断扩建的话语实践体系中。对此，弗兰克·伦特里齐亚（Frank Lentricchia）总结道："福柯和德里达并不是萨义德所说的哲学敌手，而是互有合作的哲学探求者，他们尝试用认识论的权威来言说调查的主题……（关于认识论权威）两人共同排除的一个答案是，'中立的、缺乏激情和固执于真理'的历史主义意识。"[4]福柯试图在变迁的社

---

[1] 近十年后福柯回应了德里达《我思与疯狂史》（Cogito et histoire de la folie）的讲演，回应的文章有两个内容出入较大的版本，一版是《答德里达》（Réponse à Derrida），该文出人意料地发表于日本《派地亚》杂志第11期：《米歇尔·福柯》专号（1972年2月10日），第131-147页。（中译参见[法]米歇尔·福柯：《福柯集》，杜小真等编译，上海：上海远东出版社，1998年，第189-203页）另一版是《我的身体，这张纸，这炉火》（Mon corps,ce papier,ce feu），作为《古典时代疯狂史》第二版附录二发表，文章的两个版本后来都收录于 Michel Foucault, Dits et Écrits II (1970-1975), Paris:Gallimard, 1994.
[2] Michel Foucault, Dits et Écrits II (1970-1975), Paris:Gallimard, 1994, p. 294.
[3] Ibid, p. 295.
[4] Frank Lentricchia, After New Criticism, Chicago:University of Chicago Press, 1981, p. 208

会历史语境中探讨话语事件，他在回应中强调《疯狂史》后文六百五十页充满详实史料的内容来为自己辩护，言下之意是解构批评只攻一点不及其余，全然不顾原文布局；而德里达的一贯主张是："意义无法在语境之外被确定，但语境不会达到饱和状态。"[1]德里达不反对福柯依托语境的话语实践，只是认为语境本身不是自明的，更不可能被某种历史主义意识封闭，德里达就此大大扩展了对语境的解释，把生活、世界、实在、历史、言语，甚至集体精神体验和符号化的自然都纳入其中。

依今天看来，解构论者对结构主义的批评未免过于严苛，如果根据德里达有关思想霸权主义的指控，西方一切理性主义和非理性主义，形而上学和反形而上学皆难逃例外，胡塞尔、弗洛伊德、索绪尔、列维-斯特劳斯、福柯如果都与形而上学暗中合作，那么那么深受现象学、精神分析和结构主义影响的德里达将何以自处？其实德里达与福柯的疯癫之争表明，这两种理论之间未必有真正的对立，它们都能被叫做一种反对历史主义和在场形而上学的哲学书写，并且共同揭示了逻各斯中心的意义生产逻辑。只不过，当德里达决心彻底拆毁"结构"，掀翻在场真理特权时，福柯还没有对自身的理性信念、历史主义倾向和现象学影响作完全清理（事实上也不可能）。两人的分歧主要是不同的研究旨趣、理论方法和文本观念使然。

第三节 解构索绪尔语言学

除去胡塞尔、弗洛伊德和结构主义，德里达最为重要的书写对象，无疑是语言学，尤其是索绪尔的普通语言学。不过，倘若仔细辨察德里达的分析，会发现其解构的结果不甚理想，甚至有被反转消解的风险。或许，这种解构战略实施所必然面对的风险，是解构构想得以进一步书写的契机。

德里达在《论文字学》中重点分析了当代人文科学最重要的认识模式——语言学，索绪尔的普通语言学无疑是其中的典型，它服务于历史-形而上学的企图，计划建立一门语言科学，将语言的本质规定为"语音、词句和逻各斯（理性言说）的统一体"。德里达认为，普通语言学的科学化

---

1 Jacques Derrida, "Living On", in Harold Bloom, Paul de Man, Jaques Derrida, Geoffrey H. Hartman, J. Hillis Miller, Deconstruction and Criticism, New York:Routledge & Kegan Paul, 1979, p. 81.注：流传甚广的"文本之外无它物"可能来源于英文译本的错译，详细说明在论文第三章第二节。

主张和实施行为是矛盾的,对文字学的从属地位的严格限定并不能阻止文字的运作打破外与内的区分。然而,有关索绪尔"语音中心论"的指控是否真的成立?德里达的解构阅读也许并不像他所认为的,是对逻各斯中心主义时代的总体性进行解构,相反,解构批评可能在暗中支持和发展形而上学,而这种事与愿违的工作恰好是以牺牲对象文本的差异性和丰富性为前提和代价的。可以说,解构的哲学属性在德里达对索绪尔的解读中极为充分地暴露了出来。

一、德里达解构索绪尔

索绪尔开创的现代语言学和弗洛伊德精神分析学说有一大共同点,即它们都从某类"实证经验"的科学出发,进而深刻影响了文学、哲学乃至整个人文知识领域。索绪尔《普通语言学教程》有关语言系统的研究大多转化为结构主义的方法论,如"内部语言学"和"外部语言学"的区别,"语言"和"言语"的划分,共时性和历史性的方法运用,能指与所指的关系发现等,其中最重要的是两个语言原则的揭示:差异性和任意性。索绪尔认为,语言的本质是差异性,语言中各项要素的价值都由它和其它要素的差别决定,带有意义的不是声音、字符这些物质材料,而是它们相互之间的差别,"语言中只有差别……语言系统是一系列声音差别和一系列观念差别的结合"[1],在这个意义上,"语言"不是"言语",不是个人暂时的言语活动,而是具有相对稳定性的、受社会历史影响的差异性符号系统。而且,语言符号的差别是任意性的,索绪尔将语言符号视为能指和所指两个方面结合为一体的心理实体,他从符号学(sémiologie)的角度规划语言的能指(signifier)和所指(signified)的关系,前者是音响-形象(的差别)[2],后者是概念。能指和所指的联系是任意的,索绪尔例举了"姊妹"的概念,在

---

[1] Ferdinand de Saussure, Cours de Linguistique générale, Paris:Payot, 1971, pp. 165-166.中译参见[瑞士]费尔迪南·德·索绪尔:《普通语言学教程》,高名凯译,岑麒祥、叶蜚声校注,北京:商务印书馆,2014年,第161-162页。以下正文部分简称《教程》。
[2] 索绪尔对语言能指的直接定义主要有两处,一处是"语言符号连接的不是事物和名称,而是概念和音响形象。后者不是物质的声音,纯粹物理的东西,而是这声音的心理印迹,我们的感觉给我们证明的声音表象。"(第94页)另一处是"声音是一种物质要素,它本身可不属于语言。它对于语言只是次要的东西,语言所使用的材料……语言的能指更是这样:它在实质上不是声音,而是无形的——不由它的物质,而是由它的音响形象和其他任何音响形象的差别构成的。"(第160页)参考法语版本Ferdinand de Saussure, Cours de Linguistique générale, Paris:Payot, 1971, p. 98, p.165.第一处定义中的"语言符号连接……"中的"连接",原词为"unir",意为"合并"、"连接"、"结合"、"团结"。因此,在讨论索绪尔所说的"能指"时,不能简单地把能指看成"音响-形象"本身。

法语里，这个词与对它起能指作用的"s-ö-r（sœur）"这串声音没有任何内在关联，人们可以用任何别的声音来指代这个概念。尽管社会交往准则不允许我们随意变换事物名称，但我们需要明白，能指和所指的结合没有任何必然或本质的基础，这种结合是独断的、不可论证的。

德里达对索绪尔的质疑主要有三点。其一，索绪尔受语音中心主义的逻各斯中心论影响，将文字排挤到语言系统的"外部"，认为口语是优先于文字的语言"内部"。其二，索绪尔虽然极其重视差异，但他的语言学研究偏向共时性而非历时性，研究对象仍然是静态的、现成的差别，比如索绪尔曾用象棋游戏来比拟语言历时态和共时态之间的关系，历时性的言语活动就像下棋过程，共时性的"语言"则如同下棋的规则。在索绪尔看来，好比每盘棋局只是暂时的，棋盘上的状态随时会发生改变，语言学价值首先决定于永恒的规则，这种规则在每盘棋开始之前便已生效，其后也将继续发挥作用，重要的不是言语的具体活动，而是活动本身，"一个棋子的移动跟前后的平衡是绝对不同的两回事，所起的变化不属于这两个状态（两个都是共时态）中的任何一个；可是只有状态是重要的。"[1]

其三，索绪尔对传统形而上学的批判是不彻底的，他遵循符号学的惯例将能指和所指分为两个独立部分，又把语言符号看成能指和所指较为稳固的结合，这就导致了两个后果：一者是分离出了"独立的能指"，索绪尔对"音响-形象"的解释带有明显的心理学印迹[2]，与胡塞尔"现象学的声音"非常相似，形而上学通过设定"声音"这一特殊的中介要素保持意义在场；再者是推出了"超验的所指"，独立的所指与意义等同，符号的任意性也就变成了任意的能指和固定的所指的结合，这意味着每个符号都指向一个大体不变的意义，索绪尔语言学最终导致了一种形而上学的复归。

德里达对索绪尔的解构大致延续了解构胡塞尔的思路，他从索绪尔的两段论述中读出了语音中心主义和文字由"外"向"内"对言语造成的威胁：

---

[1] Ferdinand de Saussure, Cours de Linguistique générale, Paris:Payot, 1971, pp. 125-126. 中译参见[瑞士]费尔迪南·德·索绪尔：《普通语言学教程》，高名凯译，岑麒祥、叶蜚声校注，北京：商务印书馆，2014年，第121-122页。
[2] 索绪尔对"音响-形象"的解释参见上页注释2。此外，索绪尔明确指出："我们可以设想有一门研究社会生活中符号生命的科学；它将构成社会心理学的一部分，因而也是普通心理学的一部分；我们管它叫符号学（sémiologie）[编者注：仔细不要把符号学和语义学混为一谈]……语言学不过是这门一般科学的一部分，将来符号学发现的规律也可以应用于语言学，所以后者将属于全部人文事实中一个非常确定的领域。"（《教程》，第24页）

> 语言和文字是两种不同的符号系统，后者唯一的存在理由是在于表现前者。语言学的对象不是书写的词和口说的词的结合，而是由后者单独构成的。但是书写的词常跟它所表现的口说的词紧密地混在一起，结果篡夺了主要的作用；人们终于把声音符号的代表看得和这符号本身一样重要或比它更加重要。
>
> 语词的书写形象使人突出地感到它是永恒的和稳固的，比语音更适宜于经久地构成语言的统一性。书写的纽带尽管是表面的，而且造成了一种完全虚假的统一性，但是比起唯一真正的自然纽带，即声音的纽带来，更易于为人所掌握。[1]

德里达认为，索绪尔"实证"的"科学"的语言学仍然是对西方"思—言—字"等级秩序的维护：文字是言说的外衣，言说是思想的外衣。根据传统形而上学的认识，声音是意义和感官之间的"自然纽带"，它能直接使意义出场，也就是说当我们听到一句话时，由于语音能指的及时退隐，给我们造成了一种直接听到意义本身的感觉，而且，就自然关系而言，人学会说话早于习得书写，这就决定了长久以来文字对口语的从属地位。但是索绪尔还是发现了文字这件"外衣"的危险："文字遮掩住了语言的面貌，文字不是一件外衣，而是一种伪装。"[2]在有关口语和文字孰优孰劣的论争中，索绪尔是倾向于口语的，但他也承认文字形式因其特性凌驾于口语形式之上：其一，口头语言有一种不依赖文字的口耳相传的稳固传统，比如存在着立陶宛语这种直到近代才有自己书写体系的语言，此类文化记忆其实远比视觉印象可靠，但是文字的书写形象带给人的永恒感和稳固感实在过于突出，在大多数人脑中视觉印象又比音响形象更为清晰和持久，这就盖过了看似随风而逝的声音；其二，口头语言是不断变化的，书写文字却常有止步不前的情况，后来词的写法可能和它的读音完全对不上，但是因为人们是通过书本来学习语言，词典和文法规则提高了文字的地位，人们会用文字来评断口语中的争执，这样一来就颠倒了口语和文字之间的自然关系。在德里达看来，索绪尔是不加批判地接收了形而上学的传统，这才执着于语言的"内"、"外"之别，口语和文字的优劣之分，他没有发现文字

---

[1] Ferdinand de Saussure, Cours de Linguistique générale, Paris:Payot, 1971, pp. 39-40.中译参见[瑞士]费尔迪南·德·索绪尔：《普通语言学教程》，高名凯译，岑麒祥、叶蜚声校注，北京：商务印书馆，2014年，第35-37页。译文略有改动，着重号为笔者所加。
[2] Ibid, p. 48.中译参见《教程》第43页。译文略有改动。

对口语的篡夺和僭越早已开始，"之所以存在文字的原始暴力，是因为语言首先就是文字，并且这一点日益明显。"[1]对此最有力的说明恰好是索绪尔自己提出的符号任意性原则，既然能指（德里达认为是音响形象本身）和所指（概念）的联系是任意的、偶然的，那么声音就不会是"唯一真正的自然纽带"，符号文字同样可以承担能指的功能。此外，德里达指出，在索绪尔的描述中文字和声音或口语的关联是模糊不清的，比如索绪尔将文字定义为言语的"图像"，即再现声音和自然的一种记号，但是音素本身不具有形象性，无法用字符去代替；而且索绪尔又在另一处说过，语言符号不同于象征，因为象征既不是偶然制定的，也不是完全去除了本义的，它表示能指和所指之间还具有一些自然联系的基础。[2]也就是说，文字绝非言语的"图画"或"记号"，其间也没有分明的"内"、"外"界线，文字和言语的关系是彻底的"错位"，"它（文字）既外在于言语又内在于言语，而这种言语本质上已经成了文字。"[3]

德里达试图以索绪尔语言学为基础建立起新的"文字学"，用"痕迹"（trace）取消能指和所指的二分法，将语言的差异性和任意性原则彻底化，代之以"différance"（延异）的运作。痕迹是自身无目的的无限生成过程，是不可还原的永久差异运动，"既没有记号（signe），也没有符号，只有记号生成符号的过程。"[4]痕迹不是能指，不是文字，它不能被听见、看见，它不是实存或存在规定的东西，不是科学或形而上学能解释的东西，更不是心理现象或记忆回想，痕迹从不表现出来，而且早于一切符号。"纯粹"或"本源"的痕迹被德里达称为"archi-écriture"（原始书写或原-文字），即延异，它是延迟的差异，是差异的时间化或时间的差异化。延异无法感知，无法理解，没有关于延异的运作的科学，因为不存在某种确定的非起源的科学，延异使通常意义上言语和文字的结合成为可能，即成为言语和文字共同的非本原的"本原"，符号意义源于差异，差异源于延异、痕迹和所有纯粹差异的游戏或运动。

---

1 Jacques Derrida, De la grammatologie, Paris:Minuit, 1967, p. 55.中译参见[法]雅克·德里达：《论文字学》，汪堂家译，上海：上海译文出版社，2015年，第50页。
2 Ferdinand de Saussure, Cours de Linguistique générale, Paris:Payot, 1971, p. 101.中译参见[瑞士]费尔迪南·德·索绪尔：《普通语言学教程》，高名凯译，岑麒祥、叶蜚声校注，北京：商务印书馆，2014年，第97页。译文略有改动。
3 Jacques Derrida, De la grammatologie, Paris:Minuit, 1967, p. 68.中译参见[法]雅克·德里达：《论文字学》，汪堂家译，上海：上海译文出版社，2015年，第63页。
4 Ibid, p. 70.中译参见《论文字学》第65页。

至此我们发现，德里达的延异思想其实无限趋近他所定义的"形而上学"，尽管德里达反复强调"文字学"指出了外在性的内在性，"文字"将语言纳入自身之内，但他早期的解构理论仍然保持着一种绝对的外在性，《论文字学》其实是一部具有柏拉图主义色彩的作品，它无时无刻不在寻求一个独立于现有语言系统和话语运作之外的视点，"文字学"的本源"延异"与柏拉图的"理念"和黑格尔的"绝对精神"一样，成为区分"真幻"及善恶、好坏的真理准则。在德里达看来，从柏拉图到海德格尔乃至全部西方思想史都是形而上学的历史，所有哲学概念都是逻各斯中心的别名，所有思想体系都是结构性的二元对立，是强调声音直达意义、"言"与"思"完美结合的纯粹在场幻觉；而延异是对一切在场形而上学的解构，对逻各斯中心时代总体性的彻底瓦解，对所有结构体系和等级秩序的"痕迹"还原。德里达苦心孤诣地用"延异"整合与完善关于全部西方文化的统一性思考，也就是用"形而上学"这个词来思考，形而上学批判的前提居然是对"形而上学"进行构建和补足，而作为纯粹差异游戏的延异首先抹除的就是过往不同思想之间的差异，将其全部归入"形而上学"，以使解构的工作拥有一个单一的、坚实的理论基础。为了进一步说明形而上学批判为何会成为另一种形而上学，我们需要重回索绪尔的语言学理论。

二、索绪尔"解构"德里达

问题是，索绪尔真的支持语音中心论吗？如前所论，阅读行为往往会形成先入之见，阐释者会将前一个阅读中形成的看法强加在后一个阅读上，在德里达早期的理论著作《声音与现象》、《论文字学》中，就存在着一种混淆胡塞尔现象学和索绪尔语言学的倾向，例如之前提到的"现象学的声音"相当于"音响-形象"的观点。德里达似乎忘了索绪尔是一个语言学家，后者是在普通语言学立场上讨论语言问题，而非哲学命题，除了同样使用了"独白"的例证外，索绪尔和胡塞尔其实并没有多少相似点，《教程》几乎不谈论意识或意向性问题，索绪尔等于是自觉规避了思想在哲学本体论层面对语言的追问，因此，我们不能想当然地以为"音响-形象"背后驻留着"超验所指"。而且，"音响-形象"并不是能指的准确内涵，结合索绪尔对语言差异性原则的重视，我们认为更准确的说法是，能指"实质上是非声音的，无形体的，由它的音响-形象和其他任何音响-形象的差异所构成"¹，也就是说符号能指不是声音之类的物质要素，也不完全是在心理上被唤起的听觉形象，它唤起的是我们对它与别的符号之间的差异的感知，能指不仅没有固定的所指，甚至还可能不指向某个"概念"，而是指向语言系统本身，"……在语言中只有没有积极要素的差别。就拿所指或能指来说，语言不可能有先于语言系统而存在的观念或声音，而只有由这系统发出的概念差别和声音差别"²。还有，索绪尔对能指和所指的区分是偏向功能性的，可以看作语言学研究的权宜之计，而非语言结构的本质设定，因为语言本身不是事先确定的要素组合，而是"一团混沌之物"，它的意义次序不是自明的，人们只能通过长期的专注研究才能找出不同的要素³。

另一个问题是，德里达的"延异"难道不同于索绪尔的"差异"吗？索绪尔认为"分节语"（langage articulé）的存在可以证明语言的价值依据在于差异性。"拉丁语articulus的意思是'肢体、部分，一连串事物的小区分'。就言语活动来说，articulation（分节）可以指把语链分成音节，也可以指把意链分成意义单位……根据这个定义，我们可以说，对人类天赋的不是口头的言语活动，而是构成语言——即一套和不同的观念相当的不同的符号——的机能。"⁴由"音响-形象"的差异构成的能指无疑是与分节、区分和差异联系在一起的，如果把能指也看成一种"痕迹"，那么这种痕迹就是语言系统刻写出来的，痕迹的变化和运动绝不是静态的、现成的，"这些（语言的）差别是什么造成的呢？如果认为那只是空间造成的，那就受了错觉的欺骗。空间本身是不能对语言起什么作用的……语言的分化正是由时间因素引起的。地理差异应该叫做时间差异。"⁵由此可见，索绪尔语言学的差异游戏也是自由活动的、不在场的和无目的的，是对过去的保留和向未来的延展，而充当能指的痕迹是语言中的裂隙、间断和停顿，是"活的时间中死的时间"；语言真正的价值在于符号之间的差异关系，单个符号是没有任何价值的，也不具有独立身份，"充当符号的对象下一次永远不会和上一次相同"⁶。

---

1 Ferdinand de Saussure, Cours de Linguistique générale, Paris:Payot, 1971, p. 165.中译参见[瑞士]费尔迪南·德·索绪尔：《普通语言学教程》，高名凯译，岑麒祥、叶蜚声校注，北京：商务印书馆，2014年，第160页。引文原译见前注，此处为方便论述略有改动。
2 Ibid, p. 167.中译参见《教程》第162页。
3 Ibid, p. 146.中译参见《教程》第142页。
4 Ibid, p. 21.中译参见《教程》第17页。
5 Ibid, p. 282.中译参见《教程》第276页。
6 Saussure, Cours de linguistique générale（评述版）N.3297.1.转引自李永毅：《德里达与欧洲思想经典的对话》，北京：科学出版社，2016年，第174页。

我们可以看出，德里达和索绪尔的理论相似性远远大于所谓的分歧，无怪乎有人认为"延异"不过是对"差异"的改头换面[1]。《教程》中有相当之多的证据可以证实德里达对索绪尔存在着严重的误读，他提前认定索绪尔属于西方形而上学传统，将阅读胡塞尔现象学的前见嵌入普通语言学的理论结构中，继而仅运用"声音的纽带"[2]的例子论证其潜在的"言语中心论"。这一误读导致了两个重要后果，一方面，德里达的盲视遮蔽了普通语言学理论的复杂性，让他本人和《论文字学》的读者都无法看清索绪尔遗产的真正价值。我们需要牢记的是，《教程》是一部经学生记录而成的课堂讲稿，并不是像《声音与现象》、《论文字学》这样有明确论题的理论书本，索绪尔的语言学观点其实一直处于演化发展之中，比如索绪尔一度对共时研究非常看重，但不是要让它取代历时研究，而是想把语法研究和历史语法区分开，在他看来，历时态和共时态的区分是必要的，语言学在历时层面研究语音的变化，在这之后才能探讨共时层面考察语音变化产生的后果[3]。随着研究思路的展开，普通语言学与传统符号学、历史比较语言学有了比较大的区别，甚至已经超出语言学的范畴，转向先于图示的语言思考，不过索绪尔无意开创一门新的语言哲学，我们或许可以借用德里达的说法，将其称为一种语言思想。

另一方面，德里达通过"解构"索绪尔发现了延异的运作，延异是潜伏在结构内部的痕迹差异，它先于一切形而上学，超越了存在的思想。如是，延异思想必须要成为"在场形而上学"和结构中心的最有力的保证，因为如果逻各斯中心、本原、超验所指根本不存在，那么与之相对的延异、替补和痕迹就都是空无。德里达如同列维-斯特劳斯自嘲的"bricoleur"（修补匠），他也得拾起惟一的理性语言工具去修补在场形而上学，于是德里达兜兜转转回到了他所论述的海德格尔的思想归路上：

海德格尔的思想不是否定，而是重新要求将逻各斯和存在的真理作

---

1 J.Claude Evans, Strategies of Deconstruction:Derrida and the Myth of the Voice, Minneapolis:University of Minnesota Press, 1991, p. 165.
2 Ibid, p. 159.根据美国学者艾文斯的分析，德里达曲解了索绪尔的文本，索绪尔"声音的纽带"的原意不过是强调口头语言的自在传统，并不是从现象学出发谈论声音和意义的粘合，"与其说德里达在索绪尔作品中发现了意义与声音之间的'自然纽带'，不如说是他将此纽带强加给索绪尔的文本。"
3 Ferdinand de Saussure, Cours de Linguistique générale, Paris:Payot, 1971, p. 198.中译参见[瑞士]费尔迪南·德·索绪尔：《普通语言学教程》，高名凯译，岑麒祥、叶蜚声校注，北京：商务印书馆，2014年，第193页。

为第一所指（primum signatum）：所有范畴或所有规定的意义，所有词汇或所有句法，因而所有语言的能指都蕴涵着'先验'所指[就像中世纪人们将先验地东西——ens（存在）、unum（惟一者）、verum（真理）、bonum（善）——视为'primum cognitum（第一认识对象）'一样]，但先验所指不能简单地与任何一种能指相混淆，它要通过其中的能指来预先理解（pre-comprendre），它不能还原为它使之成为可能的所有划时代的规定性，它由此开创了逻各斯的历史，并且它自身只有通过逻各斯才得以存在，也就是说，它不存在于逻各斯之前，也不存在于逻各斯之外。存在的逻各斯，'思想听从存在的召唤'，乃是符号的第一源泉和最终源泉，也是区分signans（能指）和signatum（所指）的第一源泉和最终源泉。为使所指与能指的区分在某个方面具有绝对意义和不可还原性，就必须有一种先验所指。[1]

解构思想同样不是否定，它肯定"思-言-字"等级秩序的存在，肯定召唤思想的"存在的逻各斯"，肯定先验所指作为所指和能指区分的绝对依据。"解构"必然要在这个意义上成为一种"建构"，一种不断地建构又解构"形而上学"的形而上学，在这一过程中，"思"始终保持着一个超验所指的地位。这就是哲学和语言学最大的区别，从柏拉图到海德格尔及以后的所有哲学家都承认"思"的第一性，哲学语言必然是对"思"的言说，哲学本身就是惟一具有普遍意义的形而上学。德里达终究是一个继承了西方形而上学传统的哲学家，他无法像索绪尔这类语言学者一样规避在场问题，《论文字学》也不是一本讨论语言学的著作，其目的主要是阐发"解构"之哲学。德里达曾如此论述解构与哲学的关系："解构哲学，即思考哲学的某种关闭范围，但不放弃哲学。"[2] 可以说，解构的哲学是一种不放弃"哲学"的哲学，它使用传统哲学的术语，又指出任何概念都无法被真正封闭。然而，德里达常使用"逻各斯中心主义时代"、"在场形而上学"、"西方的法则"等语词，不正是在进行一种不可能的关闭行为么？德里达试图论证索绪尔普通语言学的行为与意图相互冲突，可是解构理论本身有时也会陷入自打耳光的尴尬境地，用概念囊指不同的个体，令终极阅读否定其他阅读。这与解

---
[1] Jacques Derrida, De la grammatologie, Paris:Minuit, 1967, pp. 32-33.中译参见[法]雅克·德里达：《论文字学》，汪堂家译，上海：上海译文出版社，2015年，第26-27页。
[2] [法]雅克·德里达："访谈代序"，《书写与差异》，张宁译，北京：三联书店，2001年，第4页。

构运动是完全相反的,斯皮瓦克总结说:"解构是一种永久自我解构的运动,延异寄居其中。不存在全部解构性的(fully deconstructing)或完成了解构的 (deconstructed)文本。因而目前,形而上的反对者只有收集各种批评性材料,实行某一次的自我宣称的解构行动。"[1]解构只能是一次次的解构(阅读)行动,任何结论一旦提出都会遭到阅读实践的反对。说到底,解构不是批评的操作,解构应以批评为对象,在每一次的阅读中消解批评-理论背后的总体性倾向。

正因如此,当德里达以批评的方式解构索绪尔文本时,他的理论主张不可避免地显露出形而上学的炫目光彩。解构之书写所暴露出的这种弊病,在后来牵动了一系列的连带效应。

余论

"解-构"(dé-construction)的命名,暗示其理论要义是通过拆解"中心"结构来质疑和颠覆西方形而上学传统。解构论者必须找寻自己的对手,以戏仿的方式消解既定命题和文体界限。德里达对经典文本的分析重释表明,解构是"超过一种语言"(plus d'une langue)的阅读实践,拥有不断生成的复数的思想形式,在扬弃前人理论的同时激活了人文各学科的思辨,引导解读走向自由化。因此,解构还是一种极具创造性的书写方式,它不再朝向本原或终极真理,而是肯定自由游戏并试图超越"人"、人类中心主义、逻各斯、在场形而上学与存在神学的历史,让意义世界永远向差异、向他者敞开。

解构的哲学书写以语言问题为切入点,引出开放性的"文字学"的命题。德里达认为,书本是逻各斯中心主义强加于文字之上的束缚框架,主要用于防范文字的肆意妄为,然而这不过是欲盖弥彰,自由游戏的书写文字会逸出指涉自然的整体性框架,使"书"的概念终结。值得注意的一点,德里达用以追问哲学的语言学方法完全不同于现代语言学理论,书本与文字的对立,口语和书写何为本原,重复性与意向性的冲突等明显是哲学更为关心的问题,索绪尔、奥斯汀等人并未提出确切的形而上学构想,也没有专注于排挤文字或"寄生话语"。由此可见,德里达的解构其实是极具雄心的哲学事业,它与所要解构的形而上学的关联远比想象中要紧密,甚至

---

[1] Jacques Derrida, Of Grammatology, Baltimore and London:The Johns Hopkins University Press, 1976, p. lxxviii.

有时会产生反作用。对此，哲学家理查德·罗蒂评价说，反本质主义的理论虚构了一个图谋私利的故事，即自己能够在某某地方发现本质主义和在场形而上学的源头的元叙说，这等于在紧要关头拉了对手一把，反使自己的行为变得愚蠢可笑了[1]。

德里达其实对解构陷入形而上学的风险不无认识，所以在《论文字学》之后，他开始反思哲学本身，并试图解构哲学/文学这组二元对立。在他看来，哲学和文学的主要区别可能仅仅在于书写的惯例有所不同，人们可以从哲学的理性论证中读出神话和隐喻，也能将文学阅读哲理化，这意味着完全"哲学"或完全"文学"的文本并不存在。哲学和文学都是一种符号系统，它们根植于文本的隐喻之中，在记忆的"魔簿"上刻划出层层交叠的疆域边界。

---

1 [美]理查德·罗蒂：《后哲学文化》，黄勇编译，上海：上海译文出版社，1992年，第158页。

第三章 解构的文本理论

在德里达解构筹划中，文本理论具有特别的重要性。一方面，它是牵动着解构思想的几乎所有要素、堪称解构思想的集中之地；另一方面，德里达的文本理论还直接影响到德曼的文论主张，尤其是德曼至为重要的阅读策略。

对德里达而言，历史悠久且变动不居的"文本"概念关联着他的解构行动。作为继"作品"而起的文论常用词，"文本"先是被结构主义批评设定为价值中立的对象，文本的结构性在研究中取代了作者、价值和审美性的位置。而在经过罗兰·巴尔特、福柯、德里达等人的改造后，"文本"概念又被赋予了与前不同的特别内涵，其中最为突出的是德里达的文本理论，

首先是批评范式和文本思想的转变。二十世纪六十年代，后结构主义思潮兴起，从结构主义内部发起对结构的颠覆。结构主义认为文学作品是封闭的符号系统，它由多个能指和所指的搭配组合成一个整体结构。文学研究和文学批评的任务就是分析文本语言背后的深层结构——作品的意义结构是唯一的，确定的。后结构主义和解构主义则不仅对文本与作品作出区分，还用文本概念取代作品概念，以此阐发意义的能产性，"互文性"和"作者已死"的观点不仅表明文本意义与指涉物的联结并不可靠，还预示了文本的无限生成性和开放性。

其次是文本隐喻与形而上学概念的关系。德里达早期致力于解构"逻各斯中心主义时代"的总体性，他从现代语言学、现象学运动和结构主义诗论追溯至柏拉图、亚里士多德的经典文本，批判锋芒直指朝向"本原"的哲学体系。德里达认为，形而上学概念起源于隐喻，但它迫使自身抹去诞生的场景，隐没了原始字迹，这就是主导西方文化逻辑的"白色神话"。事实上，形而上学无法脱离隐喻，隐喻的转移、替补令哲学文本（当然也包括其它文本）的意义无法被穷尽，而隐喻"本义化"过程的暴露又摧毁了哲学一元的理性形式。

再者是"文字学"书写对正统哲学的突破和改造。德里达指出，严重的语音中心主义（phonocentrisme）倾向是逻各斯中心主义时代的重要特征，在场形而上学将语音和文字、言说和书写对立并赋予前者以特权。然而，不在场的文字（书写）不同于"理性"言说，其引导原则是延异（différance），即一种推迟自身、区分自身的差别系统和游戏运作，解构把文字的意义展现出来，或者说使意义像种子一样撒播开来，这等于承认了文本的不可判定性和开放性。

最后需要说明的是，巴尔特和福柯在进入后结构主义阶段后，均在不同程度上阐释过各自的新文本观，然就根本来看，解构的文本观与之既有交集和亲缘，也依然存在着重大的区别，不宜混为一谈。

第一节 哲学文本中的隐喻

德里达一生的大部分工作都是在解读（解构）历史上不同的哲学文本。如杰弗里·本宁顿所言，德里达采取了一种隐喻策略来与正统哲学写作对抗[1]，通过发掘哲学文本中的隐喻，揭示形而上学语言真实的运作机制，进而消除形而上学制造的所有对立。

"形而上学"（metaphysics）源自亚里士多德的一部著作metaphysica，后人在编纂亚氏"第一哲学"手稿时，将其排在《物理学》（physica）之后（meta），称作《物理学后编》。在亚里士多德的意义上，形而上学被界定为一门研究存在之为存在的本质的科学[2]，它所研究和追问的是事物本身（实体）的存在根据，以及事物运动的规律法则，所以形而上学就是关于本原（本源）、追寻本原的哲学。

德里达在《论文字学》中用"逻各斯中心主义时代"指代从柏拉图到黑格尔及以后的西方形而上学历史。"逻各斯（λόγος）"在古希腊语中有多种含义，如话语、价值、思想、推理、比例、公式、逻辑、秩序、理性等等，柏拉图在《蒂迈欧篇》中把"eikos logos"设定为与感性世界和现成状态对立的理性论证，《斐德若篇》则将logos解释为"speech of reason"（理性言说），柏拉图赋予logos绝对的起源、绝对的权威和终极目标，并且以它为中心建立了一整个稳定、封闭的"真理"体系，从此逻各斯就成了哲学本体论"真理"体系的代号。在德里达看来，以语音主义为主要特征的逻各斯中心论长久支配着人类的思想生活，它精心构建了一套二元对立的等级秩序，体现为理性对感性、本原对替补、言说对书写、哲学对文学、概念对物质的否定和统治，对立中的前者是"在场"（presence），后者是"缺场"（absence），人们对二者关系的判断除了"是"或"否"这类非此即彼的回复

---

[1] Geoffrey Bennington, Interrupting Derrida, London and New York: Routledge, 2000, p. 119.
[2] Frank Thilly, A History of Philosophy, New York: Henry Holt and Company, 1951, p. 104.

外，没有别的答案。

德里达的解构理论主要以哲学为旨趣，解构阅读其实是一种哲学内部的置换策略，简言之，只要证明二元对立的双方并不是严格的上下级关系，它们之间也没有明确的界线，甚至自身中包含着他者，那么围绕着逻各斯中心建立起来的诸多结构都将重新"文字化"[1]，任何纯粹的本原、意义和在场都会被证实为一种认知幻觉。德里达"解构"哲学的方式是探访哲学的"边缘"，观察哲学是如何掩盖和排摈了那些构建自身的对立性要素，而这些要素又是如何参与到颠覆中心和在场的行动中的。一般认为，哲学是完全理性的思考，只应当运用理智直观或逻辑推导，而不该包含多少隐喻[2]，因为过多的类比和词义引申对通向真理的进程有害无益。但是柏拉图却在《理想国》中频繁运用隐喻，最著名的是用于说明可感世界和可知世界（理念世界）区别的"日喻"、"线喻"和"穴喻"：

"日喻"即太阳之喻，太阳是可感的外物世界的主宰者，万物的存活生长依赖于它，人类的感官功能，比如视觉能力，也是太阳引导出的。同样，"善"是理念世界的主宰，正因为"善"的理念必然存在，人类心灵才拥有感知对象和认识理念的能力；"线喻"也即线段之喻，是"日喻"的补充，假设可感世界和可知世界分布在线段的两端，两个部分的长度并不一致，如果按照相同比例继续划分下去，我们就会发现我们会发现其中一部分（可知世界）仍然清晰，另一部分（可感世界）却较为模糊，这是因为前者是原本，后者是摹本，它们有不同的真实程度。

"洞喻"即洞穴之喻，一批拘于地穴的囚徒，他们由于披枷戴锁而无法环顾四周，只能直视洞壁上的影子，他们身后有燃烧的火堆，火与人之间有一堵起着木偶戏中屏风般作用的矮墙，墙后有人扛着各种器具走过，火光将高出墙的器具的影子投射到囚徒们面对的洞壁上，形成变动的影像。囚徒们长年累月看着这些影像，自然会认为影子是真实的事物，但假如他们中的一个偶然挣脱枷锁，转过头来第一次看见火光，虽然一时间会感到

---

[1] 德里达文字学的"écriture"、"archi-écriture"是以延异为代号的游戏运作，它不能被任何中心结构所吸纳，具体分析见后文第二节。
[2] 古典修辞学对"隐喻"的定义是："用一个表示某物的词借喻它物，这个词便成了隐喻词，其应用范围包括以属喻种、以种喻属、以种喻种和彼此类推。"（参见[古希腊]亚里士多德：《诗学》，陈中梅译，北京：商务印书馆，1996年，第149页。）德里达利用了这种关于隐喻的说法，隐喻意味着用语言捕获事物，回归原始存在，但实际上隐喻词不过是一个词而已。德里达力图揭露形而上学语言依赖于对自然隐喻词的盘剥，指出哲学就是一个"本义"被掠夺走的隐喻化过程。

第三章 解构的文本理论

双目刺痛,但经过适应后他就会分清影像与原物,并明白物体比影像更真实。如果他再被拉出洞外,第一次目睹太阳下的真实事物,也会再次眼花缭乱,先看到阴影,再看见水中映象,进而观察事物,最后抬头望天,直视太阳,这时他才知道太阳是万物的主宰,自己原来在洞穴中所见不过是幻影,于是他处于真正的解放状态中,并且对他的囚徒同伴、他原来的信仰和生活充满同情[1]。

一般认为三个隐喻中最重要的是日喻。在柏拉图的论述中,洞穴指代可感的现象世界,洞穴之外是可知(后知)的理念世界,火光和太阳喻指"善",尤其是太阳,它是滋养万物的"善"的理念,而"善"也就是认知理性世界的"太阳"。德里达分析说,柏拉图本欲借助太阳的理性之光消除隐喻的阴影,结果却证明了理性本身就是一个自然语言(太阳)的隐喻。他指出,形而上学语言的使用是离不开隐喻的,每个抽象概念的运作都有自然语言中的感性形象支持,甚至最抽象的词,比如"善"、"存在"、"本原"、"形而上学"等,在被哲学选中之前也是自然语言中的隐喻词,比如"形而上学"最初的意思只是"物理学之后",和"善"、"存在"、"本原"发生关联是在语言中流通的结果。只是相比起"太阳"、"火光"这样形象生动的"活的隐喻",这些代表抽象概念的语词更像是"死掉的隐喻"。德里达使用"usure"一词描述隐喻的特性,它由黑格尔的"磨损"(Abnutzung)转译而来。黑格尔认为,每种语言起初自身都包含着大量的隐喻,它们的形成源于这样的事实:原本仅仅指代感性事物的语词被转用到精神领域中,纯粹感觉的内容被抛弃了,取代它的是精神意义。隐喻的外观在词语的一般使用中逐渐消失,譬如流通的货币,图案和价值不再有严格区分,图案提供的是抽象意义本身。当一个词的隐喻性在使用中被磨灭,这个词的非本义(uneigentlich)用法就成为了它的本义用法,黑格尔把这一过程称为"磨损",并且把精神意义对感性意义的取代称为扬弃(Aufhebung)。[2]因此,"活的隐喻"或"有效的隐喻"(métaphoreseffectives)和"死掉的隐喻"或"磨灭的隐喻"(métaphoreseffacées)的对立实际来源于黑格尔,"活的隐喻"磨损成为"死掉的隐喻"就是理念化(idéalisation)的过程,是生成形而上学所有概念的过程。

德里达从黑格尔那里借来的"usure"至少有两个引申含义,一个是"用

---

1 [古希腊]柏拉图:《理想国》,王晓朝译,北京:人民出版社,2003年,第267-273页。
2 Jacques Derrida, Marges-de la philosophie, Paris:Minuit, 1972, p. 268.

坏"、"磨损"，另一个是"高利贷"、"超出原数的份额"。[1]在他看来，哲学语言和自然语言的经济交换是这样一个过程：形而上学制造自己的语言时从自然语言中借贷形象词，但它不满足于这个词的原有价值，因为一个价值五生丁的硬币，哪怕雕刻得再精美，也只值五生丁而已。所以形而上学家就如磨刀匠一般将硬币表面的浮雕、铭文和肖像统统磨去，他认为这样做就能把一枚普通的硬币从有限的使用环境中解放出来，"图案销磨的货币可以在形而上学领域无限流通"，这个不再是硬币的硬币因此获得了无可估量的价值。这意味着从自然语言进入到哲学语言中的形象词通过丧失原有的形象、图案和使用价值，获得了由形而上学许诺的超越感性的抽象价值或未来价值。显然，形而上学是在用欺诈的手段赚取高额利润，它忘了自己是欠债者，反而当自己是债主，以非法抹除硬币上图案的方式向自然语言放贷，为了减少抹除所耗费的劳动时间，形而上学家宁可从自然语言中挑选形象图案最模糊、最浅淡的那类语词，就是前面提到的"善"、"存在"、"本原"等等。由于形而上学并不产生价值，磨除硬币图案的活计根本不算受认可的社会劳动，所以在多次使用语词的"无保留消费"后，形而上学既丢失了自然语言的感性形象价值，关于抽象价值的空头支票也被戳穿，"隐喻的历史……是一部不断的侵蚀、语义丧失、原意消散（的历史）。"于是，形而上学家只能攥着一把非货币的废铜烂铁，变成负债累累的贫困户[2]。

  这里德里达看似是在经济学的方式来谈论语言，然其真正目的是让语言和非语言的隐喻联系显露出来，解构的特点不是倒转不同知识体系的地位，而是要混淆人为构建的学科界线。而且，我们可以看出德里达的"隐喻经济学"是对黑格尔和尼采隐喻理论的戏仿[3]，从哲学自身的角度看，哲学语言与自然语言的私下交易当然是不合理的堕落，但德里达指出，这种交易是哲学语言生存所必须，哲学依赖于隐喻，处在隐喻的"替补"（supplément）之链上，甚至可以断言哲学就是隐喻。德里达的隐喻观点明显比其

---

[1] 狄玉明等编译：《拉鲁斯法汉词典》，商务印书馆，2014年，第1597-1598页。
[2] Jacques Derrida, Marges-de la philosophie, Paris:Minuit, 1972, pp. 249-263.
[3] "真理是一支由隐喻、换喻、拟人法组成的机动部队，简言之，是人类关系的总结，人们在诗学和修辞学上对它们加以增强、转化和美化。直至经过长期的反复使用后，对一个民族而言似乎已成为坚实的、正典性的和规范性的观念：真理是其幻象性已被遗忘的幻象，是被磨损殆尽的、被剥去感性力量的隐喻，是现今失却纹样图案的、仅被当作金属品而非铸币的铸币。"出自Friedrich Nietzsche, On Truth and Lie in an Extra-Moral Sense, in Writings from the Early Notebooks, ed. Raymond Geuss and Alexander Nehamas, trans. Ladislaus Lob, Cambridge:-Cambridge University Press, 2009, p. 257.

他当代理论家激进得多[1],他不仅要说明形而上学语言的形成是以无数活的隐喻的磨损为代价的,他还认为,哲学所谓的"原意"不是理念,不是由个别上升到一般,由特殊总结为普遍的象征性概念,而是感性的、形象的、活的自然语言,哲学视自己为原意,把自然语言看成隐喻的,这一切恰恰是在上述非法的经济活动中(忘记欠债,把自己当债主)实现的。哲学其实是一种掩盖了隐喻性的自然语言,或者自然语言的强制引申,它并不比自然语言更好更清晰,相反,哲学语言抽空了语词的感性形象,代之以最贫乏的隐喻形式,让可见的、具有隐喻"肖像"的自然语词变成了不可见的、枯槁干瘪的抽象概念,但它仍觉得自己拥有解释一切的能力。因之,德里达对形而上学的抨击愈发猛烈:

形而上学——一个重新组装并反映西方文化的白色神话:白种人把他特有的神话,印欧神话,他的逻各斯,也就是他说的民族语的神话,当作他仍然希望如此称呼的理性的普遍形式……

白色神话——那种在自身中已经把产生它自己的寓言场景(la scène fabuleuse)抹去的形而上学,而此寓言场景却仍在活跃和搅动着,以白色墨水铭写着,使不可见的图画覆盖在隐迹的羊皮纸上。[2]

在这种形而上学中,只有一种普遍的理性形式,就是语音主义的逻各斯中心主义,逻各斯(理性)不仅对西方表音文字推崇备至,还理所当然地为"种族中心论"(ethocentrism)宣传造势:"西方之外"没有历史,没有真正的语言,当然也不会有哲学思想。这一逻辑推演到极点就成为赤裸裸的文明歧视和种族仇恨。逻各斯中心主义对人类共同体造成持久而深重的撕裂创伤,它让希腊和希伯来、西方与东方、白种人与有色人种之间的对

---

[1] 除德里达外,对哲学文本中隐喻作出重要分析的理论家还有保罗·利科(Paul Ricoeur)和理查德·罗蒂(Richard Rorty)。利科在《活的隐喻》"第八研究"中对德里达《白色神话》中的隐喻观点提出批评,择要言之,他不认同德里达用隐喻普遍化模糊哲学和文学界限的做法,利科认为,隐喻的关键不在于"磨损"而在于语义"更新",激活的隐喻可以让文本解读超脱阐释的循环,德里达后来宣读了一篇题为《隐喻的撤退》(The Retreat of Metaphor)作为对利科批评的回应,文中德里达表达了对原有观点的坚持;罗蒂与德里达的观点分歧在于,罗蒂坚持"全隐喻的语言是没有用处的语言",他认为旧的隐喻会本义化为新隐喻的基石,从某种意义上说,这也属于隐喻激活的观点。尽管利科和罗蒂的隐喻观点与德里达分歧极大,但"哲学文本在形成过程中普遍运用了大量隐喻"的观点,应属各方共识。参见[法]保罗·利科:《活的隐喻》,汪堂家译,上海:上海译文出版社,2004年,第396-410页;[美]理查德·罗蒂:《偶然、反讽与团结》,徐文瑞译,北京:商务印书馆,2003年,第41-61页。

[2] Jacques Derrida, Marges-de la philosophie, Paris:Minuit, 1972, p. 254.

立仍然无法消弭,哪怕是今天我们在描述这种对立时使用的诸如"东方"、"有色人种"一类的词,也隐含着抹除差异的同一化暴力的危险。德里达将形而上学的理性神话称为"白色神话"(la mythologie blanche),这不仅因为它是白种人所据有的,还意指它是苍白的、不显形的、近乎不可见的,虽然形而上学遗忘了自己的诞生场景,也就是磨除自然语言的形象,用概念取而代之并自我复制(所谓新的概念并没有说出新的东西)。而解构形而上学的关键就在于重新发现语言的"旧文",即"硬币"被磨去图案留下的旧痕,我们需要用阅读隐迹羊皮纸(需要化学显影剂)的耐心细心搜寻这些被概念痕迹掩盖的旧痕,因为它们是语言本身具有的形象性、可感性和隐喻性,它们已然消损的形象仍能揭穿形而上学掩盖的罪行:哲学其实一直在做着以书写谴责书写,用隐喻清除隐喻这样悖谬的事。

这就是为什么德里达会说柏拉图的日喻是西方文化最根本的隐喻:"太阳不仅仅提供一个——总是在消失,保持在视线之外,并不显现的——可感存在的例子,尽管它是最卓越的例子。而且显现与隐藏之间的某种对立,现象和真理的,白天与黑夜的,可见与不可见的,在场与缺席的,所有这些词汇只有在太阳底下才有可能的,正因为它构造了哲学的隐喻空间,太阳再现了哲学语言中的自然之物。"[1]亚里士多德在《诗学》中坦言"隐喻能力是天才的象征,它没有后天学习的路径",德里达写道,哲学家就是隐喻的天才,他们让一切隐喻都围绕着"善"的理念也就是"太阳"转,就像地球和向日葵朝向太阳的偏转运动。然而,"太阳"本身是一个感性形象,它从来就不是柏拉图、亚里士多德意义上的在场显现,感性的太阳不为我们提供知识,我们根本无缘得见理性之光。德里达进一步论述,如若"太阳"没有本义的开端,总是靠比喻,靠阳光的"播撒"才能生存,如若隐喻只能靠隐喻来说明,如若"观念化"或"理论化"的隐喻先于哲学,那么逻各斯又处在什么位置上呢?逻各斯何尝不是一个关于中心的隐喻,不是"太阳"的隐喻?以此观之,哲学甚至比文学更早洞悉了修辞术的奥秘,其以隐喻为媒介制造"真理"的本体,并刻意压制和抹去文本的隐喻结构。

概而言之,隐喻不仅是修辞学和诗学的问题,更是哲学的基础问题。向日式隐喻是真理之光为世界点亮意义,从这个角度看,修辞学和诗学经由形而上的思辨进入到真理话语的运作中,而哲学则借用文学的感性体验

---

[1] Jacques Derrida, Marges-de la philosophie, Paris:Minuit, 1972, p. 299.

和审美价值来作抽象思想和虚幻意识的诠解。

第二节 文字学书写：延异、播撒

论及德里达的文本理论，很多人立刻会想起那句著名格言"文本之外别无他物"(There is nothing outside of the text)，但已有学者指出，这句话源于《论文字学》(De la Grammatologie)的英文译者斯皮瓦克的误译。原文"Il n'y a pas de hors-texte"（这里没有插图），"hors-texte"意指"（书中的）单页插图"，而斯皮瓦克却疑似看漏了该词中间的连字符，将"hors-texte"错会成"hors texte"（文本之外），才有了"文本之外别无他物"这句流传甚广争议极大的解构主义名言。[1] 从德里达的事后回应看，他本人也不认同关于这句话的通常解释，即"全部所指对象都被悬搁，都被否定，或都被包含在书中"。[2] 尽管有关"文本之外别无他物"的很多阐释都自有其价值，也未必不暗合德里达对文本的真实看法，但我们眼下只能选择绕行。鉴于德里达等解构论者拒绝回答"什么是……？"或"什么不是……？"这种本质主义的问题，所以我们需要从他的具体文本入手，也就是《论文字学》（1967）和《播撒》(La Dissémination,1972)。

德里达在《论文字学》及其它著作中使用的écriture，至少包含了"书写"和"文字"两种含义，书写是一个动态过程，文字则是它的完成状态。这里的"文字"不是通常意义上被认为的派生于语言、同时记录语言的文字，而像是脱离了语言环境的划写痕迹和符号形状，与之相对应的是，德里达将文字学的书写称为"archi-écriture"，意为原始的书写，以此表明书写（文字）发生于一般的语言和历史之先。德里达重新定义书写（文字），用意在于反驳自柏拉图以还的在场形而上学传统，该传统的重要特征是语音中心主义，即"言说"(la parole)是"书写"(l'écriture)的根源，说支配写，活生生（在场）的声音优于僵死的文字。德里达文字学生造或翻新了很多字符来指代书写对言说的颠覆力量，包括我们接下来要讨论的différance、pharmakon、dissémination、supplément等，这些字符不属于形而上学的概念，也不是单纯的词语转换，它们都具有"非语音的象形文字"的特征。différance在德里达早期著作中频频出现，国内一般译为"分延"或"延异"，严格来说，它不是概念也不是词，无法被收入字典中。**différance**是对法

---
[1] 曹明伦：《翻译研究论集》，北京：科学出版社，2020年，第133-135页。
[2] Kathleen Davis, Deconstruction and Translation, New York:Routledge, 2001, p. 24.

语词différence的改写，从字形上看好像是拼写错误，但其含混之处在于，两者仅靠拼读无法辨别，它们只具有文本的差别。从词源的角度看，法语différer在拉丁文中写作differre，两种形式都同时有"延迟"和"区分"的含义，即时间中的推迟和空间上的间隔，而引申出的名词différence则丧失了时间的含义，只表示静止的差异，相比之下，différance是活跃多产的，a正好可以唤起原词丢失掉的"动"的意味，"a会召唤阻隔，也就是悬搁、迂回和推延，通过这种推迟，直觉、知觉和完善（总之，与在场的关系以及对一个在场实在和一个存在物的指涉）总是被推迟。"[1]此外，différance中a只能被看、被写，却不能被说出和被听到，因而是一个沉默不语的记号，a的大写A与埃及金字塔的形状类似，金字塔既是法老的坟墓，那么a也就隐藏着死亡的秘密，对它的破译近似于"宣告暴君的死亡"，[2]这个暴君象征的就是压迫和奴役文字的逻各斯中心论。

pharmakon含义为"药"，本来是柏拉图《斐德若篇》中一个不太惹眼的词，但在德里达的解读下，它的含义异常丰富，以致丧失了可译性，参照查尔斯·雷蒙德撰写的词条"pharmakon"[3]，我们可以从中分解出一连串的意思：处方、解药、良方、解救、拯救、毒药、诱惑、魅力、魔力、表象、欺骗、危害、威胁等等。为了方便论述，接下来我们有时会用"药"来指代pharmakon。副标题为"论修辞术"的《斐德若篇》历来被批评者视为柏拉图的失败之作，理由是该对话观点多变，论说充满不确定性，作者要么是个理论新手，要么就是年老失智。德里达认为，近二十五个世纪以来这篇作品蒙受了可怕的误解，事实上，它讨论的既不是什么修辞学问题，也不是对书写活动的谴责，而是"在自身的书写中，玩弄着拯救书写，同时又导致它丧失的最好、最高贵的游戏。"[4]这当然指的是文本自行解构的特性，还有书写的双重运作，它们都蕴含在"柏拉图的药"里。

"药"在《斐德若篇》中只出现在三个地方，其一是斐德若被莱什阿斯以爱为题的演讲吸引，苏格拉底眼尖发现了他私藏的演讲稿后，开玩笑说斐德若好像发明了一种蛊惑人心的"药"；其二是两人对话中关于帕尔玛凯亚（Pharmacia）的简单提及，后人在注释中说他守护着一道灵泉，同时这个称呼还指管理药物的机构，即药店；其三是图提（Theuth）的故事，

---

1 Jacques Derrida, Positions, Paris:Minuit, 1972, p. 34.
2 Jacques Derrida, Marges-de la philosophie, Paris:Minuit, 1972, p. 6.
3 Charles Ramond, Vocabulaire de Derrida, Paris:Ellipses, 2001, pp. 54-58.
4 Jacques Derrida, La Dissémination, Paris:Seuil, 1972, p. 76.

他觐见埃及统治者塔穆斯时称自己发明的书写是一味"疗救教养和记忆能力的良药"。在古希腊语中，pharmakon既可以是救治的处方、良药、补药，又可以指毒药，超过一定剂量的补药也可能变成毒药。柏拉图笔下的苏格拉底用这种类似一语双关的策略来指控书写，药引申出的泉水（pharmakeia）让嬉戏的少女意外身亡，医治教育和记忆的"良药"毒害了活生生的语言经验，就连苏格拉底自己也在书面讲辞的诱惑下出城漫游，最终饮药而亡。在苏格拉底（实则是柏拉图）看来，书写下来的文字正是这样一种引诱人偏离本性，误入迷途，至死不悟的毒药。

德里达指出，柏拉图等人对书写的指控是无效的。一方面，书写和毒药的关联明显是外在的，而且不妨说是人为捏造的，以图提和塔穆斯的对话为例，后者评断前者进献的文字时说："你所发明的这剂药，只能使人再次认识，却不能疗救过去的记忆。"[1]再认不是真正的记忆或回忆，书写并不能对记忆造成什么干扰，但赞同国王塔穆斯观点的柏拉图等人却认为书写造成了记忆的衰退，这就让书写的定位变得异常模糊，更像是我们后面要谈到的"替补"（supplément）；另一方面，当柏拉图等人以逻各斯的名义谴责书写为"非真理"，为虚假的表象时，不得不将论证包裹在神话故事之中，这也就意味着逻各斯与神话、真理与非真理并不是决然对立的，逻各斯几乎一开始就遭受了神话的"污染"，或者说，逻各斯和神话彼此之间相互作用、相互转化，相互成为医治或损害对方的药物。在柏拉图的理论中，"非理性的逻各斯"、"被污染的言说"都是不可想象的，因此，为了解决这种两难的困境（aporie），逻辑上需要新设置一个"逻各斯之父"的存在，这位父亲是逻各斯的本源，他时刻在场，始终陪伴着言说（logos），为言说（logos）辩护。然而，这位高贵的父亲竟也与书写有关！以下是苏格拉底和斐德若的一段对话：

苏格拉底：此外是否还有另一种文字，和上述那种文字是弟兄而却是嫡出的呢？我们来看看它是怎样生出来的，以及它在本质和效力两方面比上述那种要强多少。

斐德若：你说的是哪种文字？依你看，它是怎样生出来的？

苏格拉底：我说的是写在学习者心灵中的那种有理解的文字，它是有

---

[1] 柏拉图：《柏拉图文艺对话录》，朱光潜译，北京：商务印书馆，2013年，第157页。

力保卫自己的,而且知道哪时宜于说话,哪时宜于缄默。

斐德若:你说的是哲人的文字,既有生命,又有灵魂,而(其它)文字不过是它的影像,是不是?

苏格拉底:对极了,我说的就是那种。[1]

苏格拉底认为,属于哲人的、写进心灵的"好的文字"不仅远强于僵死的、图画一般的"坏的文字",甚至比言说还要高,《斐德若篇》所讨论的其实就是这两种书写(文字)的截然对立。但正如我们先前所见,在文本的实际运作中,书写(文字)却呈现出好坏不分、真伪难辨、高贵与粗鄙并存的情况,这一文本"播撒"(dissémination)景象的主要见证者仍然是苏格拉底,"药"(pharmakon)是苏格拉底之死的关键。首先,柏拉图曾说苏格拉底是一个pharmakeus,这个词兼有"魔术师"、"巫师"、"放毒者"和"囚徒"等意思,苏格拉底的修辞术具有摇荡人心的魔力,因而被很多人当成巫师,结果他确实因诱惑和毒害青年的罪名被捕,成为了囚徒;其次,从pharmakeus可以过渡到另一个古希腊词pharmakos,即"替罪羊",苏格拉底就是雅典城邦的替罪羊,他的生日恰好与驱逐替罪羊的庆典是同一天,其人的最终结局是拒绝逃跑饮药而亡,pharmakon对苏格拉底而言,既是毒药,又是解脱的良药。此外,驱逐"替罪羊"的仪式意味着对城市的净化,驱逐作为毒药的文字也是对语言和思想的净化。

在德里达看来,柏拉图对书写(文字)的屡屡排斥和重复举行驱逐"替罪羊"的仪式类似,它会让语言和思想内部的东西反复出场,来来回回地演示差异和踪迹。pharmakon是策动意义分歧和秩序颠倒的解构策略,和différance一样,它似乎适用于一套"既非也非"的逻辑:"既非良药也非毒药,既非善也非恶,既非外在也非内在,既非言语也非文字。"[2]当然,对德里达来说,定义翻转过来多数情况下也是一样成立的:pharmakon既是良药也是毒药,既是外在也是内在,既是言语也是文字。芭芭拉·约翰逊指出,解构批评的"新逻辑"是对传统二值逻辑的超越,它不是对这一方或那一方的肯定,而是不抛弃任何可能关系的逻辑(包括非此即彼,非此非彼,亦此亦彼等等)[3]。德里达文字学书写的不可决断性是传统阐释学所无

---

[1] 柏拉图:《柏拉图文艺对话录》,朱光潜译,北京:商务印书馆,2013年,第158页。
[2] Jacques Derrida, Positions, Paris:Minuit, 1972, p. 47.
[3] John M.Ellis, Against Deconstruction, Princeton:Princeton University Press, 2018, p. 6.

法掌握的。德里达对"播撒"（dissémination）的描述是："置身于开放的'延异'链条中……产生了许多不确定的语义效果"[1]。书写（文字）就是播撒，它无所谓"好"与"坏"，书写的文本也没有内外之分，只有无休止的痕迹运动和"替补"（supplément）。

第三节 文本的替补逻辑

supplément与différance、pharmakon、dissémination同属德里达文字学的创造，由于语音中心的消解，所有这些具有家族相似性的字符都编织进了语音和文字的要素，难分彼此。德里达认为，这种混合带来的后果就是每个符号的要素（语音或文字）都建立在符号系统或其它的痕迹（trace）上，"在要素之中或系统之内，没有任何纯粹在场或不在场的东西。只有差异和痕迹的痕迹遍布各处"[2]。这里的"痕迹"不仅是弗洛伊德的梦的"图画"，还是差异运动（延异）的痕迹，文本间（互文）的痕迹，德里达"文字学的书写"正是发生在痕迹的活动空间之中。

"痕迹"是一切不在场事物的指代者，言语可以说是声音的痕迹，一般文字也可以视为思想的痕迹，而文本是痕迹的系统，在这个意义上，某个文本、某个编织品不过是另一文本、另一个编织品变化的产物。德里达认为，"文本……是用于区分的网络，是一种痕迹的编织物，它不断地指向某种不同于自身的东西，指向其它用于区分的痕迹。"[3]一个痕迹区别于其它痕迹而存在，但所有痕迹都会相互指涉，一切带有痕迹性的事物组合都可以成为文本，比如绘画、音乐、舞蹈等等，甚或是某个时代、某种社会、某人的生活以及自然图案也都可以被纳入"文本"之中。所以文本总是既封闭结构又打开结构，既补充在场又取代在场，没有起始也没有终结，它不像书本一样具有确定可见的外在形式，自身没有界限却能标划界限，在这个意义上，文本处于替补（supplément）之链中，遵循的是替补逻辑。

supplément（为方便论述，本文多数情况下采用"替补"来指代该词）作为词语在法语中至少有四种含义，除去第四种"补票"暂时只在日常言语活动中使用，前三种分别是：（1）"追加或附加"的添附；（2）某物对某

---

1 Jacques Derrida, La Dissémination, Paris, Seuil, 1972, p. 44.
2 Jacques Derrida, Positions, Paris:Minuit, 1972, p. 39.
3 Jacques Derrida, "Living On", in Harold Bloom, Paul de Man, Jaques Derrida, Geoffrey H. Hartman, J. Hillis Miller, Deconstruction and Criticism, New York:Routledge & Kegan Paul, 1979, p. 84.

物替代；（3）"填补或补缺"的补充。[1]哲学传统主要运用"替补"的第一种含义"添附"，例如在场形而上学认为，活生生的言语是对思想的直接呈现，但由于声音在时间中转瞬即逝，文字不得不被推出来救场，而后者具有中介性，无生气的、破碎的文字推迟和割裂了我们对思想的理解，因此文字是对言语和思想的低级替补。德里达本人主要在第二、三种意义层面上使用"替补"，他将"替代"和"补充"的意思结合起来，与传统形而上学使用的"添附"含义的替补相对应。至此，在德里达《论文字学》中（主要是解读卢梭的部分），替补就具有了两种自相矛盾的意义，一方面，替补具有单纯的外在性，被替补的本原是完满自足的，所以替补者就成了"多余之物"，被看作"堆砌的在场"或"另一种完整性"[2]；另一方面，表示"填补或补缺"的补充意味着被替补的本原有"先天的欠缺"，或者本身就是真空，在这里本原和替补的关系颠倒了过来，不是替补附着在本原外部，而是本原依赖于替补，直至被替补取代（这也是德里达能将替代和补充结合在一起的原因）形而上学的本原不可能既是自足的，又是欠缺的，因为这违反了传统逻辑的矛盾律，即"两个对立命题不能同时为真"。替补的两种意义都在卢梭文本中发挥作用，但德里达认为，它们不会同时发生，而是随时迁转，交替隐没[3]。卢梭面临的困境在于，他在不断意识到自然的缺陷时，仍然坚持认为本原和自然是自足的，消极的替补只是权宜之计，但越是找寻替补，本原的缺陷就暴露得越多，同时也更依赖于替补。这是替补的悖论，既拯救本原，又威胁本原，既是必要的补充，又是危险的替代。

卢梭并非没有意识到替补的危险，他的语言理论的前提就是自然和文明（社会）的对立，语言从自然中流出，在文明社会中形成（或者说语言与文明社会一同诞生），文字随后也产生于文化环境之中。文明对于自然来说是倒退和替补，文字则是相比于声音在场的倒退和替补，替补本身就与倒退和堕落有关。为了让人们更加看清替补的危险，卢梭引入了各种譬喻，其一，"自然"是卢梭信念中的在场和本原，"它在卢梭那里比在他人那里更具有母性的意义。"[4]母爱和自然之爱一样，是充分自足的，不过生育很可能会让婴儿的生母变得不健康，这时奶妈的喂养（替补）就变得不可

---

[1] 狄玉明等编译：《拉鲁斯法汉词典》，北京：商务印书馆，2014年，第1498页。
[2] Jacques Derrida, De la Grammatologie, Paris:Minuit, 1967, p. 208.中译参见[法]雅克·德里达：《论文字学》，汪堂家译，上海：上海译文出版社，2015年，第211页。
[3] Ibid, p. 209.中译参见《论文字学》第212页。
[4] Ibid.中译同上。

或缺,然而日子久了,婴儿与奶妈愈发亲近,生母不得不和外人分享或者争夺做母亲的权利。德里达在此指出,即便生母亲自抚养婴儿也说明不了问题,因为幼弱的童年已经是自然缺陷的最初表现,健康的母亲和教化只能是对这种缺陷的弥补或替补。其二,在卢梭看来,和动物、矿物相比,植物是最自然的东西,是自然的生命,而且更具本源性和母性,不知为何人们对此视若无睹,竟然把自然植物当成对文明社会的补充,连卢梭本人也是在放弃人际交往后才转向自然[1]。这就是替补带来的耻辱,人们错把文化社会、文字符号、教育教化当成本源性的东西,实则在替补中过活却不自知,更可怕的是,人们会寻求更多的替补,"人已经掌握了较多的财富,但随着人的堕落,他已丧失对这些财富的鉴赏力……他探测地球内部,他冒着生命危险,并以牺牲健康为代价,到地球深处去寻求想象的财富来代替现实的财富……他避开他不值得看到的阳光和白昼。"[2]结果是人弄瞎了双眼,并领受惩罚:"石矿、坑道、锻炉、高炉、铁砧、锤子和炭火代替了乡间劳动的和平景象。被矿井毒气熏得无精打采的不幸者、铁匠、丑陋的独眼人的一张张苍白的脸庞……"[3],这就是忘记本原寻求替补所导致的灾难。德里达在注释中补充说,这让人联想到埃及神话中的文字之神企图推翻他的父亲太阳神,而"文字、辅助者、补充者以同样的手法杀死了父亲和光明"[4]。

在德里达的强力解读下,卢梭《忏悔录》中自曝隐私的情节也与替补的危险相关。卢梭自述,早年曾在黑夜暗巷撞见他人手淫,此后饱受记忆困扰,德里达分析说,卢梭视手淫为邪恶和堕落之举,但他又不得不频频用手淫代替缺席的正常情爱,对他来说,自体性行为相比正常性行为的优势在于:随心所欲地象征性占有对象,"而不必获得她的同意",同时又能免除乱伦的禁忌。比如卢梭对泰蕾兹的依恋,情人泰雷兹替代了"真正的母亲",卢梭用手淫替代他与想象中母亲的乱伦关系,而真正的母亲本人在一定程度上早已成为替补,"即使她并未在生育过程中'真实'地死去"[5]。德里达指出,反复折磨卢梭内心的正是他对"替补"的必要性和危险性的认识,这种内心冲突让他总是不自觉地说出不打算说的话。卢梭主观上想维

---

1 Jacques Derrida, De la Grammatologie, Paris:Minuit, 1967, p. 212.中译参见[法]雅克·德里达:《论文字学》,汪堂家译,上海:上海译文出版社,2015年,第216页。
2 Ibid.中译同上。
3 Ibid, p. 213.中译参见《论文字学》第217页。
4 Ibid, p. 213.中译参见《论文字学》第217页下注。
5 Ibid, p. 222.中译参见《论文字学》第229页。

护言语和思想等本源性事物的纯洁,实际却用寻求替代的手法揭示出源头的败坏,文明社会对自然的补充(替代),文字对语音的补充(替代),自体性行为对性生活的补充(替代),情人对缺席的母亲的补充(替代),乃至恋物癖和性倒错对缺席的情人的补充(替代),包括自然本原在内的所有事物在替补逻辑中都是有缺陷的,乃至空乏的,这无异于承认世界的逻辑就是替补的逻辑,是替补而非本原构成了我们生存的基础。于是我们又一次置身于非此非彼(也是亦此亦彼)的逻辑中:"替补"既不增加又不减少,既非在场也非缺席,既不是内在也不是外在(同时也既是内在又是外在),不同一于本原,也不与本原对立,它不是本原的附庸,甚至在本原之前替补已经开始。[1]"替补"没有中心,没有真正的起源,也没有本质,"没有本质性恰恰是替补的奇特本质"[2]。

如是,言语也不是对思想的直接呈现,而是运用想象、再现方式的替补;文字也不是对言语的追随记录,而是作为替补之物使人彻底忘记其替代功能[3]。"思-言-字"等级秩序的瓦解对传统形而上学来说是致命的,我们在前文中提到以往哲学家区分了两种文字,"好的文字"和"坏的文字",前者与思想同一,其实并不是真的文字,后者作为普遍的书写结果是对思想和言说的误导和妨害,所以逻各斯中心的哲学话语只有通过排除文字、与文字对立才能界定和维护自身,但哲学论著本身恰恰是用文字记录下来的!哪怕是述而不作的苏格拉底,也寄身于柏拉图的书写之中,德里达指出,哲学话语力图维持的二元对立模式存在着绝非偶然的矛盾,"逻各斯作为儿子,必须得到在场父亲的援助,否则他就会自杀。为了父亲、因为父亲而自杀。父亲必须应答,确切地说,没有父亲,他只是书写(文字)"[4]。在"柏拉图的药"中,逻各斯的父亲与书写(文字)的关系已经得到了确认,换言之,哲学本是一项与文学相邻的写作事业,逻各斯以及同一性观念都是书写(文字)的产物,哲学通过排斥文字来界定自身,其实也就是在反对自身,拥有这种自我分裂和自我颠覆的潜能是哲学话语自身的运作特点。

概而言之,解构主义发现的文本替补逻辑置换了形而上学的本原设

---

1 Jacques Derrida, Positions, Paris:Minuit, 1972, p. 46.
2 Jacques Derrida, De la Grammatologie, Paris:Minuit, 1967, p. 442.中译参见[法]雅克·德里达:《论文字学》,汪堂家译,上海:上海译文出版社,2015年,第457页。
3 Ibid, p. 208.中译参见《论文字学》第211页。
4 Jacques Derrida, La Dissémination, Paris, Seuil, 1972, p. 182.

定，消解一切"起源"或"中心"，将在场问题悬搁，并使所指在差异中被无限推迟。因此，任何关于文本的先验阅读或最终解读都是无法成立的，它们会被替补之链中的后来者抹去，文本自身将颠覆一切先入之见和权威阐释，向无限意义开放，由此诞生的阅读是永无止境的，而我们的关注点也应在此转向文本阅读的"细节"问题，即解构式阅读对修辞学的重视和运用。

余论

在德里达解构筹划中，作为问题的"文本"概念处在特殊的位置。"文本"是纵横交织的语义网络，是差异运动的痕迹，也是在场形而上学自我揭发、自我颠覆的特殊机制。通过分析柏拉图的"药"，德里达指出，文本和书写见证了一种互相对峙、互相转化的矛盾运动，毒药-解药、言语-文字、在场-缺场、善-恶、内-外都是这一运动的组成部分。文本超出了存在于其内部的二元对立，充分具有多义性、不确定性和开放性，从而让书写呈现出一种永久延搁或撒播的效果。

德里达的"文本"理论同样以播撒的形式见诸德里达几乎所有的著作中。相较于理论体系的建构，解构主义者对具体文本的阅读更为关心，德里达曾多次强调，我们最好是把解构理解为一种阅读和写作方式，理解为一种策略。作为策略的解构总是要求阅读行为突破一切现有的原则标准，对文本提出新的见解，推动生成新的文本。解构主义者的目标往往是某个促使文本自我封闭的排他性结构，阅读就是使其移动、扭转、打开，由此文本的内在差异得以显露，新的意义源源不断地涌现了出来。解构性阅读不热衷于找寻文本的中心，而是把形而上学设定的中心视为非中心，并且拒绝任何一个意义结构再次以中心的方式生效。解构不代表轻飘飘的文字游戏，它不否定哲学，也不会毫无道理地摧毁文本的逻辑、语境和语义，解构是要通过自由的读写活动，保证能指的自由游戏和意义的无限开放，从而颠覆"逻各斯"真理言说的霸权，同时也将文本中他者的愿望书写在新的文本上。

综观解构思想的蔓延之线，应该说，德里达的文本观，为德曼的文论思想、特别是阅读策略提供了方法论工具和用武之地。

第四章 解构的修辞学

德曼的文学批评，虽然涉猎广泛、旁及多处，但若仔细观察，其最鲜明的特点是重视语言之修辞维度而非语法和和逻辑的维度。换言之，德曼更接受多元而模糊的意义而非明确固定的指意，很明显，这受到了德里达的解构思想特别是文本主张的启示。

德曼在《阅读的喻说》中指出，修辞是语言本身不可或缺的特质。文本作为一种语言形式，从根本上就不负有模仿现实、再现世界的责任，修辞将反复在无中心、无固定义的文本中造成"多重模糊不确定意义的交汇"，进言之，文本和世界不存在什么同构关系，相反，它们之间是一种永久的错格。而任何把文本或语言误当成意义传输工具或客观世界的对照物的观点都是难以成立的，是某种"畸变的意识形态"。文本自有其运行系统，独立于作者（也是第一读者）、读者之外。需要注意的是，德曼反对新批评所认为的"文学文本是有机统一的自足之物"，他将文本比作一部有着绝对任意性的反常的"机器"，文本机器的运转不受后来者的干扰，其产出结果也完全无法预料。

德曼的修辞思考起于对人文三艺"逻辑-语法-修辞"的反思。传统观点认为，逻辑是求知思辨的动力，语法是说法行文的规则，修辞则不过是意义表达的装饰，可有可无的附加之物，并且受到逻辑和语法的严格限制。德曼的研究客观上是对修辞、语法、逻辑这三者关系的重新建构，并且为修辞的解放提供了机遇。更重要的是，德曼以"修辞"和"语法"的两难关系为理论切入点，建立了多种互不相容却又无法彻底转化和分割的阅读模式，譬如隐喻和换喻、转义和劝说、述行与述事，它们一同在阅读过程中生效。正是这一类相互破坏、相互缠夹的情况造就的语言的"修辞性"，消解了传统阅读的符号和指称意义一致的神话。

德曼和德里达对形而上学的解构不是简单的头足倒置，不仅要使原本边缘或附属性质的要素（如"文字"、"修辞"）反客为主，还要挖掘其积蓄已久的能量，打开、搅动、扩散文本中存在的"疤痕"或"裂隙"，令意图和表达、陈述和意义相互冲突、顾此失彼的情形明显暴露出来，从而让二元对立的秩序体系自行崩解，或至少不再以相同的方式起效。所以，纵使德曼没有提出反逻各斯中心主义的目标，但从语言哲学的角度看，他的修辞思考无疑是对德里达解构理论的接续,两者都强调语言本身即是一种思考。对此,解构的反对者韦恩·布斯(Wayne Clayson Booth)倒是一言中的:修辞学从此不再是从外面进来的传播思想的器具,不是让人们去"真正思考"另一处真理的劝说手段,"(修辞学)其本身就是真正思考的一种形式"。[1]

---

[1] [美]韦恩·布斯:《修辞的复兴》,穆雷等译,南京:译林出版社,2009年,第37页。

第一节 修辞与语法

修辞学起源于古希腊，与逻辑学、语法学并称传统人文教育"三艺"。"rhetorikē/tekhne rhetorike"[1]本义为"演说的技艺"，指智术师和演说家在公开场合就某一论题展现出高明的言辞技巧。"演说术"以具有说服力（ad persuadendum）为目的，演讲者需要经过严格训练，首要的是对文章谋篇布局的刻苦钻研，所以，演说虽然是即时性的口头言辞展示，但却离不开文章的写作，一个受欢迎的演说家必定也是一个高明的雄辩文作者[2]。从苏格拉底开始，rhetorikē加入了教化和引导灵魂的内涵，并且出现了不同于公开讲演的私人论说，其含义逐渐复杂化。古典城邦政治结束后，rhetorikē一词所指示的"演说术"含义不再凸显[3]，修辞学转移到了阐释学和文学研究中，主要用于分析文体风格和语言技巧，也就是语言的转义（trope）运作。总而言之，传统修辞学主要有两方面功能，"说服"（persuation）和"转义"（trope）。传统形而上学认为，逻辑是对世界的认知开拓，语法能为表达的准确性、普遍性和生成性提供保障，而花言巧语言不及义的修辞只能排在最后，并且要受到逻辑和语法的严格控制。

德曼认为，即使在结构主义符号学出现后，修辞不受重视的情形依然很明显，他在论文"符号学与修辞"（semiology and rhetoric）中总结了两种语法收编修辞的方法，一种是结构主义文论，例如巴尔特（Roland Barthes）、热奈特（Gérard Genette）、托多罗夫（Tzvetan Todorov）和格雷马斯（Algirdas Julien Greimas）等人的理论，德曼评价道："法国和其它地方践行的文学符号学有一个最显著的特征，就是语法（尤其是句法）结构和修辞结构的联用，人们显然没有意识到它们之间可能存在的差异。"结构主义文论倾向于取消修辞的独立性，把修辞的转义功能看成语法的单纯延伸，比如托多罗夫和热奈特都致力于将修辞结构同化于语法，或者用语法模式吸收修辞手法，从而保全语法和修辞之间"完美的连贯性"，并使语

---

[1] Rhetorikē/rhetoric的另一译名为"演说术"，参见刘小枫："古希腊的演说术与修辞术之辩"，上篇，《外国语文》，2019年，第3期。刘小枫认为"演说术"和"修辞术"之争显示出智术师和苏格拉底、柏拉图在城邦治理和政治德性问题上的分歧，智术师用演说术掌握民众，蛊惑人心，苏格拉底则强调对人灵魂的引导。不过我们关注的重点是该词的双重含义，概而言之，"演说术"偏重该词的"说服"含义，"修辞术"则指示言语的"转义"运作。rhetoric含义的双重性对于后文中我们理解德曼的修辞认识论至关重要。
[2] Rhetorikē/rhetoric的另一译名为"演说术"，参见刘小枫："古希腊的演说术与修辞术之辩"，上篇，《外国语文》，2019年，第3期。
[3] 亚里士多德的《修辞学》偏重对演说术的讨论，他将智术师培养的演说家称为"无教养者"，因为他们迎合大众，可见其对智者和演说术都持贬斥态度。

法结构向着修辞的进程畅通无阻[1]。

另一种在修辞和语法之间建立完美联系的做法来自奥斯汀（Austin）创立的言语行为理论，"语言中那些语力行为（illocutionary acts），如命令、疑问、否定、假设等，对应的是命令句、疑问句、否定句、假设句的句法结构。"[2]话语述行行为关注的是人际交往，一些语言学家将修辞学功能设想为"说服"，即对他人的实际行动，而不是语言内部的修辞格或转义运作，这种新语法学或新修辞学接收的是修辞另一半的说服功能。在这里，德曼发现了语法和修辞对立关系的矛盾所在：在形而上学的"语法认识论"框架中，语法能同时包含转义和说服两种功能，前者使语法结构拥有无限生成性，后者让其具备普遍性，但由语法控制的修辞的两个功能却是分离的，它们无法同时被语法收编，收编其中一个意味着对另一个的排除，因为转义和说服的关系与言语行为理论提出的述事句（constative utterance）和述行句（performative utterance）一样，相互之间无法兼容又不可分割，当修辞被当作说服时，它是述行的，但是如果一个修辞被归入转义结构中，那么它将撤销自身的行为，"修辞是一个文本，它允许两个互不相容、自我毁灭的观点存在，因而会对任何阅读或理解都造成了不可消除的阻隔。述行语和述事语之间的两难关系（aporie）只不过是转义和说服的两难关系的一个翻版"[3]。

在德曼看来，一个文本中语法和修辞的关系是说服和转义的两难关系的又一个翻版，语法相当于说服功能，它是一个文本的先决条件，"没有语法就没有文本，尽管这一情形只发生在指称意义不确定的情况下，但每个文本都会生成一个指称，它颠覆了文本赖以形成的语法规则。"[4]德曼改造过的"语法"保留了原本的生成性，代价却是失去了对语言意义的控制，甚至随时会被文本自身的运作推翻；修辞相当于转义功能，"语法和指称意义的歧异，就是我们所说的语言的修辞维度（figural dimension）"[5]。转义就是对中心和结构的偏离，从差异走向差异。语法和修辞结合产生的文本可以被描述为任何可以从双重角度审视的"实体"（entity）："作为一个不断生成的、开放性的、非指涉性的语法体系，以及作为一个被超验指称义

---

1 Paul de Man, Allegories of Reading: Figural Language in Rousseau, Nietzsche, Rilke, and Proust, New Haven and London: Yale University Press, 1979, p. 6.
2 Ibid, p. 8.
3 Ibid, p. 131.
4 Ibid, p. 269.
5 Ibid, p. 270.

(transcendental signification)封闭的修辞形象体系,这个超验指称义事实上颠覆了语法符码(grammatical code),而后者正是文本存留的关键"[1]。这里的超验指义活动就是不可预知的个人阅读行为,由于阅读总要通过对语言的意指性操作和总体化理解提出一个确定意义,因而是对修辞体系(转义认知结构)的强行关闭,同时也取消了语法的普遍性。所以德曼定义的"文本"是动态的、不稳定的。此外,在德曼的"修辞认识论"中,语法和修辞各自内部都存在着转义和说服两种功能,这意味着:其一,语法不是自足统一之物,有普遍性要求的说服功能(述事)会被代表生成性的转义功能(述行)破坏,所以语法和修辞一样是自行解构的;其二,修辞的两种功能是无法拆分使用的,因为它们之间也存在互相反对又相互合作的关系。为了更直观地展示语法和修辞的矛盾关系,德曼例举了两种修辞和语法相互转化的语言现象。

"语法修辞化"(rhetorization of grammar)是指,一个符合语法规则的句子,人们往往会因为修辞手法的显著效果(比如强烈的语气)转向对它的比喻义阅读,而忽略看似浅显的字面义阅读。德曼引用了叶芝(Yeats)的《在学童中间》(Among School Children)的诗句:

> 栗树啊,根柢雄壮的花魁花宝,
> 你是叶子吗,花朵吗,还是株干?
> 随音乐摇曳的身体啊,灼亮的眼神!
> 我们怎能区分舞蹈与跳舞人?[2]

结尾处的文字一般被视为反问修辞,传递的意思是"舞蹈"和"跳舞人"不可能被区分开。传统批评阅读由修辞角度的理解生发,人们认为这首诗包含从局部到整体的强有力的连贯意象,舞蹈和跳舞人,形式和经验,创作者和作品,符号和符指都是统一对应的,因此对这首诗的阅读可以从第一行到最后一行一以贯之。然而德曼指出,从字面义(语法义)来阅读最后一行诗也是可行的:我们以何种方式去区分舞蹈和跳舞人(既然它们原本是不同的)?修辞义阅读和语法义阅读的结果截然相反,这行诗既可能

---

[1] Paul de Man, Allegories of Reading: Figural Language in Rousseau, Nietzsche, Rilke, and Proust, New Haven and London: Yale University Press, 1979, p. 270.
[2] Ibid, p. 11.

传达统一的理念，又可能暗示分离的见解，"两种阅读只能直接对抗，因为一种阅读恰恰是另一种阅读所指斥的错误，必然由它来消除。我们也不能以任何方式对哪种阅读优于另一种的问题作出决定；没有一种阅读能够在缺少另一种阅读的情况下存在。没有跳舞人就没有舞蹈，没有符指就不可能有符号。"[1] 批评家们可能会纠结于选择哪一种阅读更好，更贴合诗的其他部分，但是德曼认为，值得怀疑的正是阅读本身这种追求统一性和总体化的阐释倾向，每一阅读的意义建构都含有对其它意义可能性的排斥，因此，专注修辞义的阅读会抹除语言中的差异和冲突，依托于语法规则的权威阐释又会被修辞指涉搅乱，"前者（语法的修辞化）在不确定性中宣告结束，这也是在两个阅读模式之间无法作出选择的一种悬搁的非肯定性"[2]。这不仅是一种"诗无达诂，文无定解"的判断，更是在阅读中无法作出选择的两难处境。

"修辞语法化"（grammatization of rhetoric）在普鲁斯特小说《追忆似水年华》的心理描述部分有所体现。德曼引用了小说第一部中"贡布雷"一节开头的阅读场景，内容是关于"我"无事可做，在午后的房间里想象屋外夏日的全景。德曼分析说，文中人物描述夏日感受的经历可以看成语言的翻转游戏，它以隐喻为中介替代外部事物，采用其特征丰富内在，比如用蝴蝶喻光线，苍蝇似乎在举行音乐会，平静的心情像静置于激流中的手掌等，对叙述者而言，经过语言的翻转和隐喻的替代，在屋内对夏日的感受比户外体验更加完整。形而上学因而断言隐喻有着凌驾于转喻之上的特权：在表现手法上，整体替代性的隐喻似乎优于毗连性的转喻，将光热引入室内的正是蝴蝶的隐喻；同时在美感方面，苍蝇的音乐演奏和听到响声才察觉日光的通感，其效果也远好过苍蝇和夏天的常识联想。但是德曼提示我们，第二段叙述里"活力的激流"这个短语恰恰证实了隐喻的说服力依赖于转喻结构的运作：其一，"激流"和"活力"的联想关系太过日常，不再是隐喻了，或者说它已经是失去暗示性的死掉的隐喻；其二，语言把"有活力的激流"与水中不动的手掌并置，作为邻接的效果，唤醒了激流与水的联想关系；其三，"激流"（torrent）与"热"（torride）因词形相近而引发联想，热量因此从一个冷的源头（冰凉的河水）进入了文本，并可以与其它

---

[1] Paul de Man, Allegories of Reading: Figural Language in Rousseau, Nietzsche, Rilke, and Proust, New Haven and London: Yale University Press, 1979, p. 12.
[2] Ibid, p. 16.

要素自由交换。德曼由此得出了结论:"这是一段隐喻手法运用得炉火纯青、引人入胜的文字,而且其中明确宣称隐喻优于转喻,其说服力来自这样一种比喻游戏:其间偶然的修辞伪装成了必然的修辞。"[1]这里的比喻游戏是指,普鲁斯特的小说叙述是比喻语言和元比喻语言(metafigural language)并用,叙述用比喻的手法来描写修辞结构,将随机性的、偶然的转喻妆扮成总体性的、必然的隐喻。因此,对普鲁斯特叙述的解构性阅读表明:当我们认定隐喻具有最高的统一性力量时,却会发现这些非常形象的比喻实际上依赖于不完全自主(semi-automatic)的语法模式的欺骗式运用,"隐喻的解构,还有其它所有修辞模式的解构,例如摹仿(mimesis)、双关(paronomasis)、拟人法(personification),这些模式惯于把相似性当成掩饰差异的方法,它们会将我们带回到语法的和源出自语法模式的符号学的非个人化的精确性之中。"[2]纵向聚合的隐喻意象通过横向生成的转喻再现并妆扮自身[3],而修辞则被卷入语法和符号学模式中,对修辞的理解就成了语法化的理解,这就是修辞的语法化——"对一个主体的经验和一种修辞结构进行再现并使之戏剧化"[4]。此外,还有"语气"(voice)这个词,不论是消极或疑问的语气,都是通过类推法从谓语结构推知主体意图的隐喻,它们仍要依附于语法结构才能传递意思。

概而言之,德曼的研究逆转了从传统到当代对修辞的不利看法,使理论与批评的关注点转移到文本中这一最活跃,也是最不确定的要素上来,"修辞从根本上悬置了逻辑,展现出指涉性发生畸变的令人眩晕的可能性"[5]。由于修辞悬置了逻辑,并且与语法处于相互解构的共存关系中,修辞指涉造就了文本意义彻底的不确定性,这是所有阅读都要面对的问题。此外,德曼没有放弃分析语境,但他认为引入"语境"这个概念对于解决修辞语言永久逃逸的问题并无帮助,由于语法和修辞之间有着如此复杂的断裂,由于文本自主言说、自我阐释的证据不足,所以阅读无法获取一个明

---

[1] Paul de Man, Allegories of Reading: Figural Language in Rousseau, Nietzsche, Rilke, and Proust, New Haven and London: Yale University Press, 1979, pp. 66-67.
[2] Ibid, p.16.
[3] 德曼将隐喻和转喻的关系化用为修辞和语法的联系,应是对雅各布森语言学文论的参考。雅各布森在《语言学与诗学》中将隐喻、换喻视为最重要的修辞格,并将隐喻相似性定位为纵聚合关系的选择轴,而换喻毗连性定位为横组合关系的选择轴,进而总结出,诗是隐喻纵轴为主导性原则,小说以换喻(转喻)横轴为主导构成原则。
[4] Paul de Man, Allegories of Reading: Figural Language in Rousseau, Nietzsche, Rilke, and Proust, New Haven and London: Yale University Press, 1979, p. 13.
[5] Ibid, p. 10.

确的上下文。德曼与德里达在语境问题上的见解极为相似，不过德里达是从书写、文本、延异的角度扩展语境的定义，而德曼通过修辞与语法的张力关系重新将语境变成一个问题。

德曼的修辞学主张并未停留在原理探讨之上，而是结合具体的修辞术语，深入而细致地对文本意义进行了解析。

第二节 时间性修辞：象征与喻说

"象征"（symbol）和"喻说"[1]（allegory）是文学批评中经常出现的修辞学术语。allegory的词源是古希腊语allegoria，意为"另一种言说"，为的是与公开演说区别开来，人们在私下场合交流政治见解，针砭时弊，语多嘲讽。这个词的基本内涵是字面意思之外的喻义，言此意彼，意与言殊。传统修辞学把它当成一种指涉别词它意的符号方法，在文学中则出现了一种叙事文体——"寓言"，笼统看来，东西方都有为数众多的经典寓言文本，如中国的《诗经》、《庄子》，西方的《圣经》、《伊索寓言》等等，其中经常会出现用形象表达观念，以情节阐明主旨的内容，比如《诗经》中的名篇《卢令》、《硕鼠》，人们通常不把它们当成描写动物的诗歌，而认为其旨在"刺荒"、"刺重敛"[2]；西方释经学也曾把《圣经》中的《雅歌》解释为上帝与（新）以色列之爱[3]。对于symbol，最简明的解释是："任何支持或表征某物并且超越某物的东西——通常是与某物有关的一个概念。"[4]艾布拉姆斯在其编写的《文学术语词典》对文学象征作了更具体的解释：当讨论文学时，"象征"这个术语表示的是一些用于指代某物或某事的语词，被指代的事物本身又是对另一事物的指代，或者它有超出本义的发挥[5]。一些"公众象征"是在社会文化中约定俗成的，比如"旗帜"、"十字架"都能发挥较为稳固的象征作用；另有一些是"私人象征"，诗人会利用事

---

[1] allegory一般被译为"寓言"和"讽喻"，还有"讽寓"，考虑到德曼论文中将allegory看成一种修辞格，为与叙事文体、叙事技巧相区别，还有突出"喻"的重要性，故定名为"喻说"。
[2] 《毛诗正义》："《卢令》，刺荒也。襄公好田猎毕弋而不修民事，百姓苦之，故陈古以风焉。"，"《硕鼠》，刺重敛也。国人刺其君重敛，蚕食于民，不修其政，贪而畏人，若大鼠也。"参见[汉]毛亨传，郑玄笺，[唐]孔颖达疏，龚抗云等审校：《十三经注疏·毛诗正义》，北京：北京大学出版社，1999年，第348页，372页。
[3] 赵一凡等编：《西方文论关键词》，北京：外语教学与研究出版社，2006年，第128页。
[4] Chris Baldick, Oxford Concise Dictionary of Literary Terms, New York:Oxford University Press, 2000, p. 218.
[5] Meyer Howard Abrams, A Glossary of Literary Terms, Wadsworth:Cengage Learning, 1999, p. 622.[美]M.H.艾布拉姆斯：《文学术语词典》（中英对照），吴松江等编译，北京：北京大学出版社，2009年，第623页。

物或事件的不同特点赋予其意义象征，比如"玫瑰"一词，在罗伯特·彭斯的诗中是对爱人的明喻，在布莱克《病玫瑰》中则成为了悲伤的象征。

十八世纪后半叶到十九世纪初的浪漫主义文学时期，人们对象征的关注远远超过包括喻说在内的其它修辞格。对此思想界形成了两种针锋相对的评价观点，一种是提倡象征、反对喻说，以浪漫派歌德、柯勒律治，还有后来的批评家伽达默尔、艾布拉姆斯为主要代表，他们不太看好喻说，比较推崇象征手法。歌德首先提出象征和喻说的对立，他在《论造型艺术的对象》（Ueber die Gegenstaender der Bildendent Kunst）中指出，艺术家在选择艺术对象时应该尽可能考虑象征性，"这样表现出来的对象似乎就是为自身存在的，并且它们最深处的内在也具有了意义，个中缘由就在于理想，而理想又总带有一种普遍性"，相对的，喻说就不能产出什么好的艺术品，因为它们摧毁了人们对表面形象的兴趣，让真正复现的东西无法被看出，论其缘由，无外乎象征采用了间接的指称方式，喻说却直陈其事。

另一个发表过"象征优于喻说"经典论述的是英国诗人柯勒律治，他在《政治家手册》（The Statesman's Manual）中提出：象征是有机形式的发展产物，其结构是提喻的结构，因为象征永远是它所代表的整体的一部分，所以自我构建的能力在象征性的想象中没有分离，因为物质概念和象征性想象之间存在连续关系，正如部分之于整体；与此相反，喻说的形式体现为一种纯粹的机械性，也就是抽象，它的原初意义甚至比它"幽灵般的代理者"——喻说的表征（allegorical representative）更缺乏本质性：它只是一个非物质的形体，仅仅表征着一个没有形体和本质的幽灵[1]。柯勒律治有感于当时教条化的圣经阐释和道德批评对文学创作带来的不利影响，诗歌的自然意象被抽空，塞入了很多训诫说教的内容，所以他认为应该用象征这一"半透明"的观念实现部分与整体、语言与自然生命、"心"与"物"的真正结合。此外，象征地位的上升也受哲学思潮和美学理论影响，比如康德就在《判断力批判》中断言"美是德性—善的象征"[2]，谢林《艺术哲学》认为，艺术是象征式的，哲学堪称"象征的学科"，整个神话叙事也应视为象征的，艺术反映的绝对要求在于不可区分，即"普遍者全然成为特殊者，而

---

[1] S.T.Coleridge, The Statesman's Manual, ed. W.G.T.Shedd, quoted from BI, New York:Harper and Brothers, 1875, pp. 191-192.
[2] [德]康德：《判断力批判》，邓晓芒译，杨祖陶校，北京：人民出版社，2002年，第200页。

特殊者又全然成为普遍者"[1]。

总之，浪漫主义文学批评认为，喻说和象征是完全相反的两个范畴，象征优于喻说：其一，喻说设置了一对主体（一个意象和一个概念），象征只表现一个意象主体；其二，喻说符号本身是不重要的，只是意义的空壳，人们关心的是它的指涉意义，也就是说概念和意象的联系是任意的、可分离的，象征却把握或创造了语言和事物之间的有机联系，在保持自身形象的同时又具有形象以外的表征意义；其三，喻说指涉的概念意义是单一的、确定的，而象征中的意指"具有丰富——甚至是无限大的暗喻性（suggestive）"[2]，这意味着象征比喻说更具有言外之意；其四，喻说的运用往往是说教式的，带有道德训诫和政治教化的意味，象征则富于感性，符合文学对审美理想的追求。

还有支持喻说的观点。施莱格尔曾宣称"一切美好的都是喻说"，德尔贝尼提出"诗歌只是一种比喻神学"，伽达默尔虽然认为喻说的重要性不如象征，但他也主张为喻说恢复名誉。[3]解构理论对喻说的认识主要来源于本雅明和德曼，前者在《德意志悲苦剧的起源》中指出："喻说并不是一种有趣的说明技巧，而是一种表达方式，好似言语和书写。"[4]象征也属于表达方式，两者在一定程度上是共通的，且同为时间范畴的概念。象征中的隐喻活动[5]是瞬时性的，它等于是在一个点上突然重现了整体性的观念；而喻说是一种虚指性表达，它不模仿任何现实之物，与要表现的对象也没有任何必然的联系，同时由于时间的连续性，喻说的符号形式和意义之间不断发生离转断裂，所以喻说是对意义上无限解释的可能性的指涉。德曼认为，本雅明重新定义的喻说近乎等同于语言本身，在早期的文章[6]中，本雅

---

1 [德]谢林：《艺术哲学》，魏庆封译，北京：中国社会出版社，1996年，第69-70页。
2 Meyer Howard Abrams, A Glossary of Literary Terms, Wadsworth:Cengage Learning, 1999, p. 626.[美]M.H.艾布拉姆斯：《文学术语词典》（中英对照），吴松江等编译，北京：北京大学出版社，2009年，第627页。
3 [德]伽达默尔：《真理与方法》，洪汉鼎译，上海：上海译文出版社，1999年，第90-104页。
4 Walter Benjamin, The Origin of German Tragic Drama, trans. John Osborne, London:NLB, 1977, p. 162.
5 "metaphor"（隐喻），来自希腊语metapherein。meta一词意为"超越"，pherein意为"运载"或"变换"，所以隐喻就是一种超出客体属性的修辞替代。韦勒克、沃伦《文学理论》认为，"隐喻"和"象征"含义交叠，主要区别在于象征具有重复和持续的意义，"一个'意象'也可以被转换成一个隐喻，但如果它作为呈现与再现不断重复，那就变成了一个象征"。参见[美]韦勒克、沃伦：《文学理论》，刘象愚等译，江苏教育出版社，2005年，第214-215页。
6 "……die Intensität der Verbundenheit der anschaulichen und der geistigen Elemente." in Walter Benjamin, "Zwei Gedichte von Hölderlin", Schriften, II, Frankfurt a.M,1955, p. 377.

明建议重视"感觉因素"和"智性直观因素"的联系，并将其当作诗歌批评的重点，这意味着"意义和对象之间假设的相符性遭到了质疑"[1]。

时间性、指涉性以及符号与符指的分离都是语言的性质。德曼认为，喻说和象征作为语言修辞本质上并没有很大的区别，人们出于对总体化意义和审美理想的追求而推崇象征、贬低喻说，实际是一种逃避现实的做法，因为以传统象征的假设为基石可以最大程度地结合感性和理性、自我与非我、语言与外物、个体与整体、特殊与普遍，由此获得一种形而上的同一化力量；而解构理论的喻说修辞正是对这种意义幻觉的揭破：喻说符号决不会与前一个符号完全重合，因为前一个符号相较于后一个具有绝对的先在性[2]。与执着于使意识与自然统一的、已经本体化的"象征"不同，喻说承认时间上先于自身的符号无法企及，受时间限制的、由语言决定的"自我"和外在于时间的"物的非我"之间存在绝对的差距（error），这就是语言和世界之间永久的分离、错位和断裂。此外，喻说不像象征那样植根于隐喻，它不以相似性和替代性为运作原则，而是凭借修辞的指涉性消除了本义和喻义之间一切确定的联系，换句话说，喻说代表的就是理解语言的不可能性和阅读的不可读性。

德曼试图从喻说的角度重新评价浪漫主义文学，在他看来，浪漫主义的精神实质并不是艾布拉姆斯等人所说的象征性，而是喻说式的，象征在浪漫主义文学中代表的不过是被喻说克服的某种认识。首先，德曼认为荷尔德林的诗歌和歌德晚期的文学风格就无法区分喻说和象征，我们并不需要从他们描写的风景中提取出什么间接的灵性真理，因为它们本身就是某种观念，而非"更普遍的理想意义的感知等价物（sensorial equivalence）"[3]。然后是浪漫主义"自然诗歌"和"自然诗人"，德曼认为，瓦瑟曼（Wassermann）和艾布拉姆斯等人的批评囿于对自然和意识融合问题的思考，结论经常是自相矛盾的，比如，批评家们一方面赞扬浪漫主义诗人具有超越前人的天才想象力，主体的自我意识突破自然条件的限制实现了物我同一；另一方面，他们又不得不承认，这种想象能力的基础仍是自然客体，它优先于自我意识，这等于说浪漫主义诗人和之前的"风景诗人"没什么区别，同样做着"把意义写进风景"的寻常事务。德曼从其他批评家最爱引用的华

---

1 Paul de Man, Blindness and Insight: Essays in the Rhetoric of Contemporary Criticism, Minneapolis: University of Minnesota Press, 1983, pp. 173-174.
2 Ibid, p. 207.
3 Ibid, p. 190.

兹华斯诗歌入手,指出其中存在着不同于批评的洞见。以下是华兹华斯自传体长诗歌《序曲》的两个片段:

> ……悬崖闪光,波涛汹涌
> 世界上那不变的万物
> 蔚蓝天空中贞洁性灵
> 死亡不能接近的森林
> 生生不息
> 只要还存在着人……
> (《序曲》第461-465行)

> 腐朽的森林
> 万仞挺拔,永不腐朽的
> 是瀑布不变的飞洒……[1]
> (《序曲》第624-626行)

自歌德、柯勒律治以来,自然的运动就被认为是"变化中的持久力"(Dauer im wichsel),这种持久力宣告:"存在一种元时间的恒定状态,它超越了易变性的外表腐坏——腐坏的只是自然的某些外在部分,而核心却完好无损。"[2]华兹华斯的诗歌用看似悖谬的意象描述回应了这个观点:"死亡不能接近的"、"生生不息"的森林与"腐朽的森林",飞洒的瀑布不变且"永不腐朽"。德曼认为,华兹华斯既没有把自己所描写的风景和现实的自然风光等同起来,也没有试图去传达一个主客体完美融合的理念,相反他的诗作表现出对超越时间性困境的怀疑,浪漫主义诗歌中这样的喻说符号比比皆是,充分说明诗人和文本要比批评家清醒得多,他们不会犯混淆语言和事物、文本和世界的错误。

德曼又以对卢梭《新爱洛依丝》的解读为例。传统认为朱丽与圣·普乐故园重游的情节是象征手法的典范,凄凉蛮荒的景致描写与人物郁结悲苦的心情相互映衬。但是德曼认为,景物与情感之间的类比并非卢梭作

---

[1] [英]威廉·华兹华斯:《序曲或一位诗人心灵的成长》,丁宏为译,北京:北京大学出版社,2017年,第161-162页,第169页。译文有改动。
[2] Paul de Man, Blindness and Insight: Essays in the Rhetoric of Contemporary Criticism, Minneapolis: University of Minnesota Press, 1983, p. 197.

品所独有,所以这段文字的真正力量不在于自然提供的素材,而是其文本方面的奥援——《鲁滨逊漂流记》和《玫瑰传奇》,对比之下不难发现,《新爱洛依丝》的风景描写处处透露出与前两者的联系,如荒无人烟的孤岛,形形色色的花草树木、果实香料等,甚至朱丽叶的花园也未必真有现实参照物,可能只是她内心的投射。因此,自然与人和谐统一的象征关系并不存在,我们能看出的只有不同语言形象之间的联系。德曼指出,卢梭的成功不由于艾布拉姆斯所谓的"风景道德说教"(paysage moralise),而是因为他懂得借鉴文学传统,他对自然景物的描写同样不是象征性的,而是喻说式的。传统批评大肆分析卢梭的自然主义或崇古之思实际上铸成了大错,以伦理冲突和地理喻说形式出现的主体与语言、阅读和传统的关系被遮蔽,而且这些错误释义也遭到了卢梭文本的自觉抵制。

德曼对象征和喻说的比较基于对"差异"(时间和空间上)的处理。象征通过瞬时性的隐喻替换达成一种总体性,这一过程掩盖了差异运动的痕迹;喻说则是直接将差异展示出来。喻说的隐喻替换过程更为复杂,因为喻说使用的是具体的感性材料,但要传达的意义却是抽象的。喻说符号的意义体现在与其它符号的关系中——喻说符号是对前一个符号的不完全重复,两者的关系包含了时间上永久的距离。象征追求统一、和谐、超越,喻说则是反思性的。

第三节 时间性修辞:反讽

德曼所论述的另一个时间性修辞是"反讽"(irony、ironie),源出希腊语"eironeia",意为"假痴不癫",这个词原意指古希腊戏剧中的一种角色类型:洞悉了事情的真相,却故意在洋洋自得的对手面前说傻话,随后又指出这些傻话是正确的,从而令对手无地自容。柏拉图笔下的苏格拉底就时常扮演这类精于反讽技艺的角色,智者色叙拉马霍斯指责苏格拉底从不正面答复质疑,而是佯装自贬迎合他人,在不断追问中使对手陷入自我反对的难堪境地。[1]亚里士多德据此认为反讽不同于滑稽,前者是颇具教养的,反讽者总把自己放在一个较低的位置侧耳倾听,在辩论中用笑声和真诚化解对手的自负,与之形成鲜明对比的则是那些无知又好笑的自夸者。反讽后来作为一个文学批评术语,常用于指示言意之间的落差,言非

---

1 Plato, The Republic, trans. Griffitht, Cambridge:Cambridge University Press, 2000, p. 14.

所指，意与言反，它在文学文本中的运用不是为了欺骗或愚弄读者，而是通过掩盖或隐藏话语的真实含义而达成某种修辞效果，因而常与讽刺、挖苦、嘲弄混用。

近代浪漫主义思潮对反讽问题关注较多，德国浪漫主义诗人、理论家施莱格尔主张将反讽纳入哲学思考。施莱格尔深受费希特"自我"学说的影响，他将"自我设定（setzen）"认成反思的形式："设定之后走出自身并返归自身"[1]。在施莱格尔眼中，反讽正是一种宜于自我设定和自我反思的思想形式，它可以用悖论打破认知局限，将平淡的真理以新奇的方式言说出来，从而保持"永恒的灵活性的清晰意识"。因此，反讽经常表现为"自我创造与自我毁灭的来回转换"，从哲学的角度看，它就是普遍原则本身，是绝对的对立的绝对的综合[2]。

施莱格尔的浪漫主义反讽观念理所当然地招致了黑格尔的猛烈批判："同一切东西开玩笑，这种主观性不再严肃地对待任何事物……把一切变为幻影"[3]。黑格尔认为，浪漫派的反讽理论是对费希特哲学的消极运用，它不会像苏格拉底那样成为"自我意识的培养，理性的发展"，即"对普遍概念的认识"[4]，而有可能导向一种"虚幻的深度"，浪漫主义反讽抽空了法律、道德以及一切现实关系的内涵，高举一个空洞的自我对世界进行随意的主观性改造。而且，这种近代以来的反讽态度代表了一种精神错乱，在艺术表现方面完全无视人物性格的统一性和坚定性，"把最不艺术的东西看作艺术作品的真正原则"[5]，让诗人走上迷途，使角色失去性格。

其后，丹麦宗教哲学家克尔凯郭尔为反讽问题开辟了新的存在主义视域。他在《论反讽概念》（Om Begrebef Ironi）中借由苏格拉底传递出存在论的"绝对无限的否定性"，亦即反讽不是黑格尔"正-反-合"辩证法的否定命题或否定之否定，也不是浪漫派的"被夸大了主观性"的反讽主体，反讽是一种生存性的规定，它带给"时间性自我"（temporal I）或者真正的面对历史的个体以否定性的自由，反讽意味着真正的自由[6]。反讽者凭借无限和

---

1 Friedrich von Schlegel, Friedrich Schlegel(Kritische Ausgabe), Band 18, En Beller, Hrsg. mit Han Eichner, München:Ferdinand Schöninger Verlag, 1979, p. 476.
2 [德]弗·施莱格尔：《雅典娜神殿断片集》，李伯杰译，北京：三联书店，1996年，第60页。
3 [德]黑格尔：《美学》（第一卷），朱光潜译，北京：商务印书馆，2015年，第84页。
4 [德]黑格尔：《哲学讲演录》（第二卷），贺麟等译，上海：上海人民出版社，2013年，第55-59页。
5 [德]黑格尔：《美学》（第一卷），朱光潜译，北京：商务印书馆，2015年，第85页。
6 S·Kierkgaard, The Concept of Irony with Continual Reference to Socrates, trans. H.V.Hong and

绝对的存在立场否定了当下的现实性，因为相对于无限和绝对的理念，任何现实都不复是现实；反讽者因而追求纯粹自由和"更高的真理性现实"，如同苏格拉底一样将生存的一切置于永恒性视角的观察下，其结果就是反讽者对存在的怀疑和疏离，主体走向自我毁灭或自我克服。

历史上有关反讽问题的思考和处理，德曼将其归纳概括为"安抚"（defuse）反讽的三种方式：

其一，将反讽化约为审美实践或艺术手法（Kunstmittel）。反讽是艺术效果，是文本出于趣味等原因、为增强或丰富其文学魅力而达成的某种效果。反讽通过各种审美手段，包括在与它所讲述的东西之间制造距离——某种游戏的审美距离，以此容许人们讲述某些可怕或令人反感的东西。德曼认为，这是康德以后直至席勒时代美学理论的常见做法。

其二，将反讽简化为以自我作为一种反身性结构（reflexive structure）的（自我）辩证法。这类安抚反讽的做法与浪漫主义文学创作关系紧密，因为作者往往具有强烈的内省意识，或者耽于思辨，反讽也就成了镜反结构中的自我观照和自我反思，比如施莱格尔就在小说中用"反思"命名章节。

其三，将反讽要素或反讽结构嵌入历史辩证法内处理反讽。这种方法和前一种较为类似，黑格尔与克尔凯郭尔无不将历史看作一个辩证的过程，而反讽在历史时间上存在个体和整体、特殊与普遍的二元矛盾，所以历史辩证模式和历史辩证法终究能够吸收和解释矛盾的反讽，这与自我辩证法以对称的方式接收反讽如出一辙。[1]

德曼并不认同以上三种"安抚"反讽的批评实践方法，因为这类批评的目的是分别以审美实践、哲学思辨和历史辩证法的方式消除反讽的矛盾性和异质性，以便将其纳入到总体化的文本秩序中。传统批评无视施莱格尔对于反讽之不可理解性的洞见，沉溺于文本意义的"同一性"幻觉，这既是对反讽的误解，也削弱了自身的批判性和反思力度。

德曼认为反讽是传统形而上学概念所不能把握的，因为用一个概念去说明另一个概念的做法会导致同语反复或无限退行，我们或是困在"A是B"、"B是A"这种概念定义的死结中，或是从一个被提出的问题引出问题的

E.H.Hong, Princeton:Princeton University Press, 1989, p. 296.
[1] Paul De Man, Aesthetic Ideology, Minneapolis:University of Minnesota Press, 1996, pp. 169-170.

问题,问无止境。所以德曼尝试转换思路,通过引入波德莱尔《论笑的本质》中的例子来说明反讽的发生过程和主要特点。波德莱尔写道,当一个人在街头失足跌倒,旁人还没有反应过来,这人却开始笑话自己,此时就出现了自我的"分身"(dédoublement)——跌倒在地的经验的"我"和自嘲的"我","我"获得了"既是自己又是别人的能力",这种能力只属于艺术家或哲学家这类人,因为语言是他们寄身于世界的方式。[1]这里,自嘲的"我"是由语言分离出来并一直处于语言之中的,与经验的自我保持着距离,并拒绝被同化,早先施莱格尔对反讽的定义正与此呼应:"一种永恒的自觉叙述基础"。德曼认为,反讽不是一次单纯的述行,它必将产生加倍的反讽,或"反讽的反讽",用来讲述虚构世界(语言)与真实世界永远无法和解的事实,并以此捍卫自身的虚构性[2]。"虚构"重点不在真假,而是指语言世界和外部世界的永久分裂。德曼进而指出了反讽修辞和喻说修辞共有的时间性特征。在象征作为统一性幻觉被消除后,喻说和反讽之间保持着一种神秘的张力。"反讽是一种共时结构,而喻说似乎是一种连续的方式(连续性幻觉)",反讽因为是共时层面主体分裂的即刻发生,常常给人以真实的感受;喻说则处于非此在的理想时间,符号总是指向不可企及的先在,暴露出时间性的绝对误差。两者虽有方式和结构的区别,但却是"时间同一经验的两个基本方面"。[3]喻说和反讽所发现的时间性困境揭示出符号与符号、文本与文本的相互指涉是无穷尽的差异运动,它是一切语言交流的普遍条件,同时也导致了阅读和交流每时每刻的错位,这就是德里达称之为"延异(différance)"的语言图示。

德曼后又认为,尽管在延异的语言中讨论反讽的定义非常困难,因为界定反讽的行为本身就很反讽,但我们也不该对此避而不谈,而对反讽"概念"的探讨仍需返回施莱格尔的理解之不可能性的洞见。德曼为此挑

---

1 [法]波德莱尔:《波德莱尔美学论文选》,郭宏安译,北京:人民文学出版社,1987年,第311页。
2 Paul de Man, Blindness and Insight:Essays in the Rhetoric of Contemporary Criticism, Minneapolis:University of Minnesota Press, 1983, p. 218.
3 Ibid, p. 226.

选了一个文学与哲学的冲突点，即施莱格尔备受争议的小说《路琴德》（Lucinde），这部糅合了成长、爱欲、哲理的小说是对歌德《威廉·迈斯特》的戏仿，其中混淆性爱描写和哲学话语的内容惊世骇俗，时人目为丑闻。但在德曼看来，小说中那些淫猥的情节内容恰恰是对语言自为性和文本自我解构的绝好说明："词语言说事物的方式远非你意欲它们言说事物的方式。你所书写的是精妙与连贯的哲学论证，但你瞧，你正在描述的却是两性交媾。或你不假思索地在书写致某人的赞词，仅因为词语有其自身行事的方式，你真正说出的是猥亵之谈与淫言秽语。在此存在一部机器，一部文本机器，有着无可撼动的规定性与彻头彻尾的任意性，一如施莱格尔所说，全然任意（unbedingter Willkür），它将词语安放在能指游戏的层面上，它消解任何序列的叙事一贯性、消解自反模式与辩证模式，如你所知，这两种模式均是任何叙事的地基。没有叙事无关反思、没有叙事无关辩证，而反讽所中断的正是这一辩证性与自反性、即转义。自反与辩证是喻义性模式，是费希特哲学系统，而这正是反讽所消解的。"[1]德曼用"错调"（parabasis）和"错格"（anacoluthe）这两个修辞学术语来阐明反讽的状态，它们的原意是：一个句子中存在句法上的不一致或不连贯，比如日常对话中欲言又止的情况："你真的应该——好吧，按照自己的方式来做"。正如跌倒后发笑是对日常生活的打断一样，言语反讽是对叙事连贯性幻觉的频繁错调，反讽始终关乎叙事和历史，但它既没有记忆也不连贯，因而在施莱格尔看来是"永久的错调"，被频繁打断的不仅是某一叙事，还有叙事衍生出的转义喻说[2]。因此，在德曼看来，反讽是对历史的反讽、对转义和叙事的反讽，以及对设法理解反讽的尝试的反讽，与反讽紧密关联的不是时间性历史的可能性，而是其不可能性。如果一定要给反讽下定义的话，那它就是："对各种转义喻说的永久错调（错格）"[3]。

德曼在评价斯丹达尔的小说《帕尔玛修道院》时将两个时间性修辞结合起来，提出"反讽的喻说"，对于这种语言状态最为生动的阐释是小说中的一段话：

---

[1] Paul de Man, Aesthetic Ideology, Minneapolis:University of Minnesota Press, 1996, p. 182.
[2] "转义"一般指语言的比喻作用，德曼在《阅读的喻说》中提出，所有的文本都包含着一个比喻（比喻结构），不充分的阅读会产生新的补充性比喻结构，这就是"转义的喻说"，转义问题在后文第六章"保罗·德曼的阅读伦理"一节中有详细论述。
[3] Paul de Man, Aesthetic Ideology, Minneapolis:University of Minnesota Press, 1996, p. 180.

（一对恋人）相互间永远不能完全接触。到了彼此可以相见的时候，他们之间又有着无法逾越的距离；当两人能够接触时，却不得不在黑暗中相见，这一彻底专断且不合理的决定是众神所为。这是一则关于自我之间不可逾越的距离必定永久占据上风的神话，它也点题了作家司汤达一向坚信的、在他的笔名和名义身份之间起主导作用的反讽距离。[1]

喻说是对象征的祛魅，反讽是对理解的阻断，"反讽的喻说"的否定性结合意味着语言世界和物质世界的阻绝不可逾越，在"心"、"物"分离的世界中，被语言决定的人将何去何从？有关反讽和喻说的认知对"正确理解"并无帮助，而阅读及其延伸出的批评似乎是稍显可靠的生存手段。解构设想的批评阅读应该是无尽的生成活动，它没有一套既定的模式或规则，取消界限而不自设边界，颠覆中心又不自立为中心，反讽和喻说不该是批评的终点，此时应该转向自身，转向无止境的自我批评和再批评。

余论

德曼的文学批评突破了新批评和浪漫主义诗学对文学文本的界定，并且指出一切文学阅读存在不可克服的两难困境，以及文本自行解构的不可避免。他认为，由于语言的修辞性质，语法与修辞、字面义与比喻义、隐喻与换喻之间有着永恒的内在矛盾和张力，它们相互打扰导致文本意义一直处于悬而不决的状态。

德曼把修辞性列为语言的根本特性，一者是对西方传统形而上学的彻底反叛，将语言修辞从逻各斯、真理观念的支配下解放出来，并在一定程度上撼动了根深蒂固的理性主义认识论信念；另一方面，也包含对语言与时间问题的全新探讨，打破了西方哲学和文论单一维度思考的定式。德曼提出的"时间性修辞"揭示出语言和时间复杂交织的关系，象征、喻说、反讽可以分别对应时间本体的三个维度：活的现时，无底的延搁和自反的共时。语言符号之间不可企及和永久阻绝的差距在言说阅读的不可能性（解构性）的同时，也证明了时间的绝对错置性，即追寻起源和终结的不可能性。文学时间因而驻留在某个存在的共同境域，转向无尽的生成和再生过程。

---

[1] Paul de Man, Blindness and Insight:Essays in the Rhetoric of Contemporary Criticism, Minneapolis:University of Minnesota Press, 1983, p. 228.

德曼的修辞思想得益于尼采、海德格尔和德里达的影响。尼采从修辞角度考察构成哲学原则的本体论假设，得出"真理是一个隐喻"的结论，从而在根本上质疑了理性主义传统。海德格尔的阐释学思想表明，文本意义不可能是确定不变的，有关文本意义的完整的、总体性理解永远不可能达到。德里达的解构理论更是以一种极端的姿态，将语言的自我指涉性直接敞现。德曼和德里达的探讨为诗与哲学的古老论争开启了一种新的可能，即文学书写和解释游戏在无休无止的语言和时间之流中超越二元对立，不是说用文学解构哲学，或使哲学重新收编文学，而是转移、突破、打开这二者的定义，让"文学"和"哲学"一直保持必要的张力，进而探索思想世界的有效边界。

第五章 解构的阅读伦理

对德曼而言,"阅读"是一种对比喻性(figurality)的语言进行阐释的行为,比喻性不仅存在于文学中,也存在于历史、电影、广告、自传、新闻报道等所有"普通"语言中,因此,阅读是对世界和人类行为的感受和洞察。由此推出了三个结论:其一,阅读与文本不可分开,一切文学文本都因阅读过程中修辞性的暴露而具有自我解构的功能;其二,阅读不是"我们的"阅读,解构阅读没有作者和读者之分,因为阅读不是把某种东西增加到文本中,而是解构原来的文本;其三,文学阅读由于语言的修辞性/比喻性而成为"阅读的喻说",即"正确阅读"的不可能性。德曼注意到了修辞性这个"构成一切文学语言的解构要素的存在",批评语言和文学语言一样也是具有欺骗性、不确定性和不可靠的。德曼认为,阅读实质上是审美反映的阅读和修辞意识的阅读同时发生的过程,二者对文本理解的分裂展示出文本逻辑的不一致,"(文本)不可避免地会产生至少两种互相排斥的阅读,并断言在比喻和主题的层次上真正的理解是不可能的"[1],这就是解构阅读或阅读的解构性。

德曼还从德里达对卢梭的解构批评中受到启示,提出了"盲视"和"洞见"之间具有相生相克的辩证关系的观点。相比哈罗德·布鲁姆对误读的主观创造性的强调,德曼关注的是盲视与洞见的悖论性转换。盲视是洞见的前提,洞见寓于盲视之中;盲视是作者刻意强调的东西,洞见则是暗含在文本之内并与作者的明确意图相左的意见。批评家总要发表评论意见,而语言的修辞性决定了一切批评永远是误读,是谬误的生产和叠加,批评文本可以说明批评家的意见表达如何偏离其意图,说出一些文本从未说过甚至自己也不打算说的话,这就是最大盲视处取得的最大洞见。而且德曼认为,正是在对作品不断地偏离、误读甚至一代代延续下来的盲视中,批评家们逐渐产生更为深刻的洞察力,他们通过这种否定运动而获得了批评的洞见。归根结底,这是因为文学和批评共享同一语言成分,"文学和批评之间的区别是虚幻的,被宣告为最精确的语言,而结果却是最不可靠的语言,人类正是按照这个最不可靠的语言来称呼和改变自己。"[2]

---

[1] Paul de Man, Allegories of Reading: Figural Language in Rousseau, Nietzsche, Rilke, and Proust, New Haven and London: Yale University Press, 1979, p. 72.
[2] Ibid, p. 19.

第一节 解构主义误读理论

误读（misreading）作为一个语词起初就为阅读（reading）所支配，阅读是对文本的理解，误读则是理解的偏差，属于经验性的意外。某些阅读和阐释理论认为，"正确的阅读"是可能的，理解一部作品的关键在于把握作者意图和创作过程，我们可以通过对文中标题、行文用语和主题意象的研究提炼，达到复原文本意义的效果。以作者为文本中心和意义本源的分析方法至今仍有一定影响，它们的共同点是抵制误读，比如美国文论家P.D.却尔认为，作者中经常出现的某个比喻，或在关键时刻发生某个事件，都是作品在表达的证据，它们同时也是作者意图和作品意义的依据[1]；另一位学者E.D.赫希也说，一个文本可能有很多不同的可行阐释，但所有阐释都不能超出作者意图的范畴[2]。阅读与误读的关系逆转发生在"作者已死"后，结构主义试图将作者从文本意义的源头处剥离，把阅读的权力移交给读者，这里的作者不是心理学意义上的"人"，而是在陈述行为中产生的陈述主体，读者也一样属于某种话语功能。卡勒强调说，读者以一定的方式去阅读，文学作品才具有了结构和意义，"真正的创作活动，都是由掌握了加工这些语句的巧妙办法（文学能力）的读者来完成的"[3]。如是，真正的阅读行为不再是对已定意义的发掘和接受，而是主动参与到文本的创造游戏中，读和写成为同一经验的两个方面。另外，基于之前对文本互文性和替补逻辑的探讨，我们发现文本作为痕迹的织体抵御一切占据中心的暴力，它总是传递出"相异于自身"的形象和论点，推翻在先的确定性结论，"如果文本的全部来源和规律系统不断超越表征的话语，那么（文本）系谱学问题就会大大超越现在向我们展现出来的、构造它的可能性。"[4]在这种情况下，每一阅读都可说是片面的，误读几乎是不可避免的，甚至可以说，误读是阅读的必然。

正式提出"一切阅读都是误读"口号的是耶鲁学派文学批评家哈罗德·

---

1 [美]P.D.却尔：《解释：文学批评的哲学》，吴启之、顾洪洁译，北京：文化艺术出版社，1991年，第57页。
2 E.D.Hirsch, The Aims of Interpretation, Chicago:University of Chicago, 1976, p. 85.
3 [美]乔纳森·卡勒：《结构主义诗学》，盛宁译，北京：中国人民大学出版社，2018年，第136页。按：卡勒在《结构主义诗学》中谈论的拥有文学能力的读者也不是实体，他认为唯一的阅读主体是"抽象的、人际构成物"。（第300-301页）
4 Jacques Derrida, De la Grammatologie, Paris:Minuit, 1967, p. 150.中译参见[法]德里达：《论文字学》，汪堂家译，上海：上海译文出版社，第149页。译文略有改动。

布鲁姆（Harold Bloom），他以误读的必然性为前提，在诗歌研究中提出"影响即误读"的理论：当关系到到两位真正的强者诗人时，诗的影响总是以误读的方式体现出来。这种误读是一种"创造性的修正"，是有意的错译。诗的影响的历史就是摆脱焦虑和自我拯救的历史，是刻意歪曲和误释的历史，假如没有这些，现代诗歌就不会存在[1]。布鲁姆认为，诗的历史总是关于文本和文本、诗人和诗人之间的"影响"关系，这种影响不单是前人的想象和思想在后人那里的传递承续，更多的是后人对前人的批评和否定。强劲的后辈诗人在追随前驱者的过程中可能会陷入焦虑、逆反的情绪，他们深怕自己因难以摆脱前人影响而丧失独创性，所以转而选择"误读"前人诗作，通过有力的偏转性书写将自己的反叛姿态刻画于文本中，从而避开和消解前人的影响。在布鲁姆看来，新诗的诞生正是一代代诗人以误读的方式企图超越前驱者的结果，"一首诗总是另一个人、一位前人，因而一首诗总是一个人，总是使某个人再次诞生的父亲。为了活下去，诗人必须误读他的父亲,误读行为是对父亲的重写"[2]。后辈诗人和前辈诗人之间的关系，恰似弗洛伊德意义上的"家庭罗曼史"案例，"儿子"对"父亲"的怕与爱。随着研究的进展，布鲁姆尝试将一切想象性文学都纳入误读的理论图示中，包括圣经文学和布鲁姆本人最推崇的作家莎士比亚，这就形成了以"影响的焦虑"为理论基石的大文学观。

　　布鲁姆误读理论最主要的特征就是吸收借鉴各种阅读理论和批评程式，并且转身对这些理论上的"父辈"展开误读批评。首先是作者意图和读者接受理论，布鲁姆重塑的"误读主体"是特殊的作者和读者，他们不是去创作和阅读文本，而是借助文本对自我进行误读式创造，"（我们读书）是为了增强自我，了解自我的真正利益"，"消除你头脑的虚伪套话"，"要善于读书，我们必须成为一个发明者"[3]。其次，布鲁姆将弗洛伊德心理学导入文学理论，但又将其改写，弗洛伊德认为焦虑是一种压抑情绪的固定释放，方式可能是阅读或写作；布鲁姆反其道行之，把焦虑视为创造性误读的内在驱力，强劲诗人是在不断增强的焦虑中完成对前辈和传统的超越。再者，布鲁姆对"诗的影响"的思考借鉴了保罗·德曼的修辞阅读理论，他认

---

1 [美]哈罗德·布鲁姆：《影响的焦虑》，徐文博译，南京：江苏教育出版社，2005年，第31页。
2 Harold Bloom, A map of misreading, New York and Oxford:Oxford University Press, 2003, pp. 18-19.
3 Harold Bloom, How to read and why, New York,London,Toronto,Sydney and Singapore: Simon & Schuster, 2000, pp. 22-25.

为前驱者对迟来者的影响重点不在于文学传统范畴，如风格、技巧、题旨等方面，而是语言修辞上的联系，因为"想象性文学的本质就是比喻语言"[1]，"比喻是对字面意义的一种偏离，而一首伟大的诗的形式自身就可以是一种修辞（转换）或比喻。"[2]所以，如果要确定诗人之间的影响关系，我们仍应返回文本阅读，找寻隐藏在语言中的偏离痕迹，而不是依靠历史考掘的手段去穷究某人的阅读史。不过，布鲁姆并不是一个可以被轻易打上身份标识的批评家，他与解构主义者有过合作，却终因观点不同分道扬镳。在与保罗·德曼的论争中，布鲁姆坚持认为想象力应独立于文本之外，同时必须捍卫"原创性"经典的价值，这就让他的误读理论与解构主义误读理论呈现出极大的思想歧异。

在解构主义语境中，"阅读"的指涉意义近乎无限扩大，希利斯·米勒指出，对保罗·德曼而言，"'阅读'包括的不仅仅是'读'——对文学作品阅读的这个行动而已，而是'感觉（sensation）、知觉（perception），乃至其它任何人类行为'。"[3]德曼的阅读理论认为，此前所有的阅读理论，不管是"正确的阅读"还是"误读"，似乎都没有对阅读本身的可能性作过反思，而阅读的可能性"永远不能被看作既定事实"。[4]"阅读"意味着对比喻性语言（figurative）或者修辞的语言作出阐释，"修辞"涵盖了语言中的各类比喻（tropes）和形象（figures），所以语言的使用都是修辞性的，也就是比喻的，德曼赞同尼采的观点："修辞学是在理性的明亮之光照耀下埋置于语言中的一些手段的扩展，不存在可以作为参照点的非修辞的、'自然的'语言。"[5]因此，我们可以认为语言是最不可靠的，一方面，修辞与语法会相互干扰，语句含有的语法义和修辞义的混淆让解读陷入困境，比如日常交流中某人问我："你为什么要这么做？"如果依据语法的理解，我很可能会详细解释这么做的各种理由，但这句话也可能只是一个传达愤怒情绪的反问句，问话人并不关心我这么做的理由；另一方面，语言和意义是没有适

---

[1] Harold Bloom, The Shadow of a Great Rock:A Literary Appreciation of the King James Bible, New Haven and London:Yale University Press, 2011, p. 22.
[2] [美]哈罗德·布鲁姆等：《读诗的艺术》，王敖译，南京：南京大学出版社，2010年，第1页。
[3] J.Hillis Miller, The Ethics of Reading :Kant, de Man , Eliot, Trollope, James, and Benjamin, New York: Columbia University Press, 1987, p. 58.
[4] Paul de Man, Blindness and Insight:Essays in the Rhetoric of Contemporary Criticism, Minneapolis:University of Minnesota Press, 1983, p. 107.
[5] Paul de Man, Allegories of Reading: Figural Language in Rousseau,Nietzsche,Rilke,and Proust, New Haven and London:Yale University Press, 1979, p. 106.

配关系的，语法结构未必遵循逻辑和意义规则，表达意义的语句不一定合乎语法，比如被广泛使用的短语"凯旋而归"，"凯旋"包含了归来的含义，两词在语法上是不能并置，但它又确实传达出"胜利归来"的意思。阅读和交流出于理解的必然需求，强行把诸多意义和意指连贯性赋予语言，但意义的强加是不稳定的，语言修辞会"逃离自身的控制"，发生不可预料的异变，从而打断意指连贯的幻觉，让文本得不出确定的结论。因此，阅读就成为了一个问题，甚至可以说，阅读自身就是理解文学的障碍。[1]

在德曼看来，"阅读"其实讲述了一个文本无法封闭自身的故事，"所有文本的范式包括了一个比喻（或比喻系统）和它的自我解构，但由于这种模式不会被一个最后的阅读终结，它因此产生了另一个补充性的比喻结构，这些比喻结构讲述着之前叙事的不可读性……而且喻说（allegory）并不会抹除比喻。"[2]作为德里达最亲密的战友，德曼借鉴了德里达的"延异"（非）概念，他认为文本没有一个单一的、稳定的和权威的中心，它是由语法（词语、句段的组合关系）和修辞（不确定的转换）之间不可兼容又不可分割的张力产生的，并且一直处在两者的矛盾之中。文本总是自我解构的，它经常通过修辞运作与意识形态、观念意义达成合谋，但又会自动将其破除，使语言回到混沌、偶然、不可把捉的境况之中。文本语言的比喻性特质导致所有试图锚定文本意义的阅读行为必定失败，无论是作为"正读"还是"误读"的批评性阅读总是在重复经历这种失败。因此，阅读活动既是一直超出的，同时也是永不充分的，超出是指每个阅读都要提出新的理解，形成新的文本，阅读的视域和问题总是会超越现有的文本，换句话说，阅读（误读）是文本意义生产的一个基本条件；不充分是指，任一阅读都无法穷尽文本阅读的可能，声称自己是权威阐释或终结性批评的阅读，往往在自身被阅读过程中呈现为对前一阅读的忽略和歪曲。从这个角度看来，所有的阅读都是"误读"，它不仅会说出文本没有说出的东西，还会将读者和批评者不想说的事情披露出来。

总结起来，布鲁姆与德曼的误读理论最主要的区别在于：其一，布鲁姆的研究相继糅合了精神分析学、修辞学、实用主义等多种思想资源，其批评立场并不是一以贯之的，尤其是将心理学分析引入文学批评，似乎

---

[1] Martin McQuillan, Paul de Man, London and New York: Routledge, 2001, p. 18.
[2] Paul de Man, Allegories of Reading: Figural Language in Rousseau, Nietzsche, Rilke, and Proust, New Haven and London: Yale University Press, 1979, p. 205.

显示出阐释科学化的倾向，但文学创作中的焦虑、逆反等心理机制又存在不可证实性，这使得不少研究者认为布鲁姆的学说陷入了神秘主义的喃喃自语；与之相对的是，德曼的文学批评主要关注语言的修辞性质，呈现为一种"批评性的语言分析方法"[1]。其二，布鲁姆倾向于将"误读"看成"误读主体"自主选择的策略，但他又认为，"诗的语言随心所欲支配着强悍的读者，它蓄意使他成为一个撒谎的人。"[2]这意味着主体性和文本性的冲突不可避免，于是布鲁姆致力于用审美理想和文学经典化调和这二者的关系；德曼认为，阅读就是误读，它取代了所有文学研究中的传统范畴（作者、读者、风格、价值等等）一个文本的阅读仅仅指向自身，而不能诉诸任何可认知的实体。其三，布鲁姆认为"误读"的效果有强弱之分，"创造性误读"不啻文本和文本、作者与作者之间的意义攻防战，"强误读"脱颖而出，赢得"免遭漠视的神圣胜利"，"弱误读"只能被前辈影响吞没；而德曼的阅读理论提出，对批评的思考仍是远远不足的，重要的不是急于描述不同阐释之间的对抗关系，而应该清理批评自身的问题，比如盲视和洞见的悖论性关系。

第二节 批评的盲视与洞见

德里达在《人文科学话语中的结构、符号和游戏》中区分了两种阅读或阐释方式，一种是寻求意义解码的传统阅读，梦想找到真理或本原；另一种是不关心真理或本原的解构性阅读，它只肯定阅读游戏。[3]解构主义认为，阅读行为本身是不可瞥见、不可限定和不可证实的，我们能加以利用的只有从阅读延伸出的批评文本，"批评是阅读行为的一个隐喻，而这个行为自身是不可穷尽的"[4]。

德曼的修辞阅读理论无疑具有解构性阅读的一切特质，其中"盲视与洞见"的阅读模式是对误读的影响后果的进一步说明，在他看来，批评文本必定会预设立场和给出结论，而实际的文本意义总是与这类立论陈述相去甚远，陈述（statement）与意义（meaning）的不一致性导致批评并不比它的讨论对象更具有科学性和稳定性，语言的修辞性质也让所有的批评阅

---

1 Tom Cohen and others, Material Events:Paul de Man and the Afterlife of Theory, Minneapolis:University of Minnesota Press, 2001, p. 15.
2 Harold Bloom, Kabbalah and Criticism, London:Bloomsbury Academic, 2005, p. 126.
3 Jacques Derrida, L'Écriture et La Différence, Paris:Seuil, 1967, p. 427.
4 Paul de Man, Blindness and Insight:Essays in the Rhetoric of Contemporary Criticism, Minneapolis:University of Minnesota Press, 1983, p. 107.

读自身呈现为误读。德曼认为，所有的批评家"往往言不由衷，注定要说出一些远离题旨的话"，而"文本可被反复用来说明批评家哪里背离了它，怎样背离了它。"[1]高明的读者（比如德曼自己）能从批评文本中觉察到批评家本人未曾留意的盲点和洞见，盲视和洞见的关系是悖论性的，一方面它们是文本含有的对立观点，彼此冲突颉颃，相互否定；另一方面，批评家的盲视又经常成为文本获得洞见的先决条件，"似乎只有当批评家陷入某种特定的盲视之中，洞见才能被获得，批评家的语言之所以能发觉某种程度的洞见，仅仅是因为他们对这一洞见的感知不甚着意。"[2]这意味着盲视和洞见的关系是建立在相互否定基础上的共生关系，是一种否定性的生成。换言之，批评的真正洞见（读者认为的，而非作者自许的）依赖于它的阅读盲点，也就是它所忽略的文本边缘内容。只有当批评家陷入盲视的困境时，洞见才能被语言激发出来，而后为特定的读者所把握，批评的真正价值在于指认阅读活动中洞见和盲视的瞬间重合。

"盲视与洞见"的阅读模式并非德曼首创，德里达在《论文字学》中已经将"盲目"（blindness）和"替补"联系在了一起[3]："人们从盲目走向替补。但是盲人原本看不见他为弥补视力缺陷而创造的东西。对替补茫然不见成了规律，对它的概念茫然不见尤其如此。"[4]德里达在这里操纵了"盲目"一词的两种可能含义，其一是人们因为盲目而寻求替补视力的办法，如同盲者对光明的渴求；其二是人们从对替补的盲目出发寻求本原，最后竟不自觉地用替补取代了本原。德里达对卢梭文本的批评发现了形而上学的盲点——"替补"，德曼则通过对德里达批评的批评，揭示了一切批评阅读的症结，即对自身的矛盾茫然不见，因此，德曼将批评阅读称作"盲视的修辞"（the rhetoric of blindness）。

德里达对卢梭的重视非比寻常，《论文字学》的大半篇幅都在讨论卢梭文本，这主要是因为德里达视卢梭为逻各斯和在场形而上学的一个思

---

1 Paul de Man, Blindness and Insight:Essays in the Rhetoric of Contemporary Criticism, Minneapolis:University of Minnesota Press, 1983, pp. 105-109.
2 Ibid, p.105.
3 德曼的"盲视与洞见"模式受德里达《论文字学》启发，这一点国内外均有学者指出。参见周颖："盲目与洞见——保尔·德曼早期解构模式论析"，南阳师范学院学报（社会科学版），2004年，第1期；以及Wlad Godzich, "The Domestication of Derrida", The Yale Critics:-deconstruction in America,ed.Jonathan Arac.Wlad Godzich,Wallace Martin. Minneapolis:University of Minnesota press, 1983, pp. 20-39.
4 Jacques Derrida, De la Grammatologie, Paris:Minuit, 1967, p. 214.中译参见[法]雅克·德里达：《论文字学》，汪堂家译，上海：上海译文出版社，2015年，第218页。

想缺口,通过找寻其内在矛盾的根源,能够揭露语音中心主义的暴行,即言说对书写的全面压制。德里达认为卢梭面临的困境在于,一方面他坚持认为在场的言语优于记录的文字,指责文字是"在场的毁灭和言语的疾病";另一方面,他意识到了"活生生的言语"转瞬即逝的缺陷,因而不得不寻求文字的帮助。卢梭用退隐的写作活动来替代即席演说,意图恢复在言语中对自身感到失望的在场,"既然言语在给予自身时否定自身,那么,写作的确是保持或再现言语的惟一方式。"[1]德里达认为卢梭开创了一种新的有关符号结构的文字理论,与当时的逻各斯中心主义相互呼应,"在这个形而上学时代里,在笛卡尔和黑格尔之间,卢梭无疑是惟一或者说是第一个提出了整个时代所隐含的文字还原主题或文字还原系统的人。"[2]在德里达看来,"替补逻辑"在卢梭的文本中有明显的展现,"替补概念和文字理论,按通常的说法,在卢梭的文本中,以无穷无尽的方式(en abyme)表示文本性本身。"[3]所以卢梭乃至在场形而上学的全部时代都受困于拒绝替补和不断替补的两难处境。

德曼首先赞许德里达对卢梭的解读具有哲学的真正尊严,与只顾总结文学规律、不重视文本阅读的其他批评家不同,德里达从卢梭的单一读本《论语言的起源》入手,论述中加入了卢梭别的著作,如《忏悔录》、《论人类不平等的起源》、《爱弥儿》等,同时模拟创作主体意识活动的心理学分析,揭示出卢梭"想说而未说"和"未想却说了"的矛盾状态。然后德曼继续指出,德里达对卢梭的阅读仍是一种误读:"德里达关于卢梭的故事无疑是个好故事。它似乎瞥见了真理,却随即将其抹除,像变戏法一样移走;但同时它又暗中屈服于这个真理,将真理偷运到他保护的地盘。"[4]首先,德曼质疑的是德里达从传统阅读中提取的心理分析模式,这种分析模式不仅偏离了哲学和文学研究,还将卢梭贬低为一个简单的心理学案例,以往的研究者大多不愿深究卢梭前后不一的观点,他们或将其视为创作者精神失常的表现,或认为这与作者美化个人经历的需求有关。传统阅读正是用这种办法敷衍了事,逃离了解释的困境;其次,卢梭的语言理论并不属于德里达所说的在场形而上学。德曼指出,《论语言的起源》第三章标

---

[1] Jacques Derrida, De la Grammatologie, Paris:Minuit, 1967, p. 204.中译参见[法]雅克·德里达:《论文字学》,汪堂家译,上海:上海译文出版社,2015年,第207页。
[2] Ibid, p. 146.中译参见《论文字学》第145页。
[3] Ibid, p. 233.中译参见《论文字学》第237页。
[4] Paul de Man, Blindness and Insight:Essays in the Rhetoric of Contemporary Criticism, Minneapolis:University of Minnesota Press, 1983, p. 119.

题为"最好的语言必须是形象的（figuré）"，这意味着卢梭并不主张把语言和真理划等号，他知道语言是比喻的，甚至把"一切语言是形象性的"结论当成了语言理论的前提。《论语言的起源》还讨论了"巨人"一词的由来：一个原始人在遇到其他人时首先会感到非常恐惧，恐惧让他将这些人看得比自己更强壮高大，所以他为他们取名为"巨人"。其后他发现这些人并不比自己更壮大，于是又用词语"人类"去描述他们，并且保留了"巨人"这个词，用来形容使他感到恐惧的东西。[1]因此，词语"巨人"其实是一个发乎激情的隐喻，它的出现早于冷静描述的词语"人类"，这说明比喻性的语言相对于本义（字面义）的语言的优先性。再者，卢梭对音乐也具有非凡的见识："他将音乐描述为一个纯粹的关系系统，这个系统在任何时候都不依赖于在场的本质设定，无论是作为一种感觉还是作为一种意识。音乐仅仅是关系的游戏。"[2]卢梭在有关音乐的文本中也从未停止对语言本质的谈论，他明确说了与形而上学语言观相反的话：语言作为一个关系系统，"不依赖于在场的本质设定"。这与德里达笔下那个犹豫不能决的卢梭形象相去甚远。

更为讽刺的是，德里达长篇大论"替补逻辑"，否定本原的本源性，试图让文本和语言摆脱意识、记忆之类的起源，但他对卢梭的分析恰恰是以本人的意识或无意识作为起点的！所以当我们反过来用卢梭阐释德里达时，结果是戏剧性的，德里达"使用从'真正的'卢梭那里获得的洞见解构了一个伪-卢梭。"[3]德里达笔下的卢梭总是有意识地维护自然语言的纯洁，无意识地吐露书写的必要性，即意识活动是卢梭文本中的最大盲点，这里隐含的论证逻辑是，德里达的批评依赖卢梭的意识活动，只有卢梭保持着一贯自相矛盾的形象，德里达关于普遍语言性质的种种结论才能成立。问题在于，在德里达列举的卢梭其它著作中，我们找不到排斥文字和书写的证据，所谓"写作是保持或再现言语的唯一方式"并不能证明是卢梭的真实想法，它很可能是德里达在之前的阅读中形成的先入之见，然后被强加到《忏悔录》之类的文本上[4]。由此可见，卢梭的真实形象远比德里达笔下的形

---

[1] Jean-Jacques Rousseau, The First and Second Discourses, and Essay on the Origin of Languages, trans. Victor Gourevitch, New York:Harper & Row,Publishers, 1986, pp. 246-247.
[2] Paul de Man, Blindness and Insight:Essays in the Rhetoric of Contemporary Criticism, Minneapolis:University of Minnesota Press, 1983, p. 128.
[3] Ibid, p. 140.
[4] 《忏悔录》："如果我没有信心不仅在不利条件下表现自己，而且以截然不同的面貌出现，我就会像他人一样热爱社会。我打定主意写作和隐居恰恰适合我的天性。如果我抛头露面，人们决不会知道我还有什么用处。"（参见《论文字学》第208页。）德里达根据这一

象要复杂,更重要的是,他的语言理论和德里达的文字学是基本一致的。

意识问题是德里达批评的盲点,而非卢梭的盲点,德里达的批评由此导向了一个洞见:文本意义是否有真实可靠的来源和根基?支配话语运作的究竟是作者还是文本自身?德曼认为,卢梭自己的文本有力地反对了卢梭所断言的逻各斯教条,究其实质,卢梭并不是一个形而上的哲学家,而是一个天才的文学创作者,"卢梭正是在他的语言具有文学性这一点上,超越了逻各斯中心的谬误"[1],卢梭的盲点不是德里达设想的"在言语和文字之间犹豫不决",他本人非常清楚语言的比喻性,对于文本陈述和意义的不一致性心知肚明;而德里达最大的盲点(也是最精彩的洞见)就在于坚持把卢梭和那个时代的在场形而上学划等号,"他在卢梭内部假定了形而上学在场,但是人们发现它既不运转,也不建立在某种语言的内在力量之上,因为这种语言力量扰乱了它,毁坏了它的根基。"[2]在这里我们也发现了德曼批评的最大洞见:德里达的文字学恰好来自他对卢梭的误读。因此,解构卢梭是不必要的,因为卢梭的文本已经自行解构;德里达的批评文本也是自我解构的,他所依赖的心理分析模式被文本自行颠覆掉了。即使德曼的批评也避免不了盲目和洞见的双重效果,马丁·麦克奎兰(Martin McQuillan)指出,德曼认为卢梭的修辞理论和理论后果与德里达的文字学完全一致,也就是说德里达赞同卢梭,德曼也赞同卢梭,那么德曼对德里达的反对就无从谈起了。[3]

阅读的对象是无中心、无固定意义的文本,试图总结阅读活动的批评必然会对阅读自身不可穷尽的开放性怀有盲视。文本的多义性和不可把捉不单是创作者精神失常或心理冲突的表现,也不仅因为文本遵循着"替补逻辑",还由于文本性就是比喻性,语言的比喻性将使包括主体意识在内的一切在场观念都趋向消解,所有找寻中心和固定意义的企图都会破产。因此,批评总是显示出盲视和洞见的双重效果,它们自称正确,却总会被人

内容引申出的结论是:卢梭试图避免即席发言的危险,所以选择用退隐写作保护言说。但这个例子无法说明写作或书写之于言语的替补的危险性,卢梭担心的是自己临场演说发挥不佳,退隐写作可以改变别人对他的恶劣印象,这反倒可以证明卢梭更看重文字和书写,而非口语。

1 Paul de Man, Blindness and Insight:Essays in the Rhetoric of Contemporary Criticism, Minneapolis:University of Minnesota Press, 1983, p. 138.按:这句引语并不代表德曼认为卢梭的文学文本与德里达批评文本之间存在本质区别,其真正含义应指语言的比喻作用导致追求意义整体性的阅读批评总是失效的。

2 Ibid, p.119.

3 [英]马丁·麦克奎兰:《导读德曼》,孔锐才译,重庆大学出版社,2015年,第32页。

指出错误，然而真知灼见往往藏身于谬误之中，如同"阳光隐蔽于阴影"[1]。

第三节 阅读的喻说

与德里达直指逻各斯中心的解构阅读稍有不同，德曼试图从修辞的角度观察文本的自行解构。修辞阅读理论认为，阅读和文本不可分割，阅读不是把某些东西增加到文本中去，而是仅仅利用文本原有的语言要素（修辞性），因循文本语言的逻辑，尽可能地使现有阐释发生位移，让文本自身不可克服的矛盾暴露出来，如前文第二章所述，这些矛盾包括语法和修辞、述事和述行、字面义和比喻义、隐喻和换喻、象征和喻说、理解和反讽等等。阅读在文本中建立了两个不能相互吸收转化同时也无法分割的理解方式，让文本始终处于不确定的状态中，这一方面最大限度地免除了批评施加给文本的阐释暴力，任一封闭文本阅读的行动都将归于失败，另一方面也打开了新的阐释空间，使文本意义不断增殖。此外，解构宣称"一切阅读都是误读"，解构阅读不关心树立权威，也无意于排斥异己，所以任何阅读（误读）理论上都有自由活动的空间，包括朝向形而上学的误读，都可能提供批评的洞见。因此，德曼所说的阅读的不可能性具有双重含义：阅读既悬置意义又解放意义，既抵制理解又增加理解。

如德曼所言，所有的语言都是比喻的（figural），文学和批评的区别是虚幻的，是陈述和意义的不一致性才使批评文本得以成立，同样，哲学、法律、新闻等非文学文本与文学文本在隐喻结构和及其解构上也没有本质区别，当我们在说这些非文学文本具有文学性时，其实想表示的是其文本性，文本性就是修辞性或比喻性。但是，文学不只是狭义上的虚构，比喻的语言也不是在刻意欺骗人，依据索绪尔以来的语言观念，语言本就是一个任意的、武断的内在系统，它不由外部世界决定，也抓不住事物，比如我们把树命名为"树"，把桌子叫作"桌子"，并没有非如此不可的理由，只是任意设定的结果，但是当它们为社会公众所接受，约定俗成地形成关于客体的概念，就具有了强制性、武断性。绝大多数的语言符号是能指和所指的偶然结合，对它们的操作并不能从外部世界找到合法性依据，而且，语言不是透明的介质，我们无法透过它把握事物，当我们思考和言

---

[1] Paul de Man, Blindness and Insight: Essays in the Rhetoric of Contemporary Criticism, Minneapolis: University of Minnesota Press, 1983, p. 103.

说"树"或"桌子"时,我们并不是用一棵真实存在的树或者一张摆在面前的桌子去想、去说,而是在使用"树"或"桌子"的概念。语言和事物形不成一对一的适配关系,我们在阅读和言语交流中经常搞不清楚到底指的是哪棵树、哪张桌子,甚至不了解它们是否真的存在。比喻的语言是对"正确理解"的无限延宕。

基于此,德曼的修辞阅读理论对哲学传统以及逻各斯中心主义在文本中建立的真理范畴和特权概念展开清理,比如"在场"、"缺席"、"自我"、"本原"乃至"真理"等等。德曼引用尼采的话来说明"真理"概念,"真理是一支由隐喻、换喻、拟人法组成的机动部队,简言之,是人类关系的总结,人们在诗学和修辞学上对它们加以增强、转化和美化。直至经过长期的反复使用后,对一个民族而言似乎已成为坚实的、正典性的和规范性的观念:真理是其幻象性已被遗忘的幻象,是被磨损殆尽的、被剥去感性力量的隐喻,是现今失却纹样图案的、仅被当作金属品而非铸币的铸币。"[1]真理不过是丧失流通价值的货币,是使用较久的、难得引发新奇感的那类语词概念,因为被语言遗忘了修辞性而被人们误以为是严谨可靠的。尽管"真理"本身就是一个失去了修辞性的修辞,但哲学为了将"平淡的真理"以富于意趣的方式说出,还是不得不向修辞学求助,因此,伟大的哲学家往往也是高明的修辞学家,比如智者学派的敌人苏格拉底,本身就是雅典最强大的智术师。有些哲学家也对比喻的语言和文字媒介忧心忡忡,担心它们会伤害"思维的真理",比如英国经验主义哲学家洛克在《人类理解论》中写道:"知识虽然以事物为依归,可是它又必得以文字为媒……文字是永远介在理解和理解所要思维的真理之间的,因此,文字就如可见物经过的媒介体似的,它们的纷乱总要在我们的眼前遮一层迷雾,总要欺骗了我们的理解。"[2]哲学史上关于修辞学的严肃思考和对修辞的鄙视总是纠缠在一起难分难解,哲学对待修辞的态度正和德里达所描述的言语与文字的关系是一样的,在拒绝"替补"和不断"替补"中陷入自相矛盾的状态。

德曼认为,洛克试图从语言中清除"骗人的修辞"的姿态,不仅不可能,而且充满反讽。德曼引用了洛克著作中一大段谴责修辞的文字[3]来证

---

[1] Friedrich Nietzsche, "On Truth and Lie in an Extra-Moral Sense", Writings from the Early Notebooks,ed.Raymond Geuss and Alexander Nehamas, trans.Ladislaus Lob, Cambridge:Cambridge University Press, 2009, p. 257.
[2] [英]洛克:《人类理解论》,吴文运译,北京:商务印书馆,1983年,第475页。
[3] 《人类理解论》:"在世界上,机智和想象,要比枯燥的真理和实在的知识,易于动人听闻,因此,人们很不容易承认绮语(figurative speeches)和典故是语言中(一种)缺点或滥

明其辩才无碍,论证颇具雄辩家的修辞技巧,其实洛克的言说意图非常明显,他想让修辞术这个"美女"循规蹈矩,安守本分,而不是出来迷惑众生,然而洛克的比喻反过来说明了修辞是语言中必不可少的成分,就如女人与男人共同组成了人类世界。果不其然,洛克一边谴责修辞,一边着手进行语言修辞研究,他把语词概念分为三类,即简单概念、物质概念和两者混合的形式概念,其中简单概念是人类经验的基石,无须定义,比如"运动"、"光",它们能直接在心灵中形成确定的观念。德曼指出,即便是简单概念,也不可能脱离语言直接在心灵中显现,而一旦试图去定义它们,就会陷入"口吃般的同语反复的重复":"运动的定义是移动","移动的定义是运动"。洛克颇费周折地论述"光"的概念,结果只能得出"理解光就是感知光这一观念"的结论,"'理解'翻译了理解,却没有定义理解。"[1]更复杂的问题出现在物质概念和混合概念上:人们如何根据语言表述去判定一个物质概念的本质特征或非本质特征?比如"黄金"(gold),这个词如何与实在的事物结合起来?是它的颜色外观,还是它的可熔性决定了物质概念?谁有权真正使用"黄金"这个词?实体观念不但要符合实在事物,还要与人的观念契合。

德曼进一步指出,对物质概念和混合概念的定义追问是极其重要的,"当我们从简单概念所提示的语词与事物的单纯相近关系(contiguity)转换到物质中本质特征和非本质特征的隐喻呼应关系(correspondence),伦理性张力就会大为增强。"[2]这种语言的转换不仅是从换喻的横轴到隐喻纵轴,还是字面义向引申义的迁转。语言的使用和滥用不是单

用。我亦承认,在各种谈话中,我们只想追求快乐和高兴,而不追求知识和进步,则由这些绮语而成的装饰品,亦算不了什么错误。但是如果我们就事论事,则我们必须承认,修辞学的一切技术(包括秩序和明晰),和演说术技思中所发明的一切技巧的迂回的文字用法,都只能暗示错误的观念,都只能够动人的感情,都只能够迷惑人的判断,因此,我们完全是一套欺骗。因此,在雄辩和演说中,这些把戏虽是可奖赞的,可是我们的议论如果在指导人,教益人,则我们应完全免除了这些。因为在这里和知识方面,这些把戏委实可以说是语言本身的缺点,或应用这些语言的人的过错。在这里,我们并不多事说明这些把戏之重花叠样,如果人们想详细知道这一层,则世界上层出不穷的修辞学者很可以来指导他们。不过我不得不说,人类对于真理的保存和知识的促进,实在太不关心,太不注意了,因为他们生就了撒谎的本领,而且还正爱这种撒谎的本领。我们分明看到,人民是既爱骗人又爱被骗的,因为所谓修辞学虽是错误和欺骗的一种最大的工具,可是它们竟然有专门的教授们,并且公然被人传授,而且常能得到很大的名誉。因此,我这样反对它,人民纵然不以为我是野蛮的,亦一定会以为我是大胆的。辩才就如美女似的,它的势力太惑人了,你是很不容易攻击它的。人们如果真觉得被骗是一种快乐,则那种骗人的艺术不易受人责难的。"吴文运译本,见第497-498页。

[1] Paul de Man, Aesthetic Ideology, Minneapolis:University of Minnesota Press, 1996, p. 38.
[2] Ibid, p. 41.

纯的表述问题，它常常具有严肃的伦理性。以"人"的定义为例，形而上学语言如何决断"人"的概念？是通过外表界定，还是内在灵魂或别的本质特征？柏拉图在《政治家篇》中把人称为"无毛、两足而指甲较宽的走兽"，很多哲学家认为人具有"理性的灵魂"，那么出生的怪胎和丧失心智的疯子算不算"人"？该不该作为"非人"被处理掉？洛克在论述混合概念时也注意到了语言使用和滥用的伦理问题，所以他例举的都是误杀、乱伦、弑亲、通奸这类语词。德曼暗示说，反思语言的修辞性的后果一如俄狄浦斯的悲剧，我们发现自己待在永久的语言困境中，对语言比喻、修辞指涉、话语转义（trope）带来的可怕后果熟视无睹，即人根本决定不了语言要说什么、做什么，无法阻止语词误用和概念偏转。说到底，人不是语言的主人，没有用语言命名的权力，是语言将名字赋予包括人在内的世间万物，人类主体诞生于语言的使用（滥用）中，受语言的任意性支配，被放逐于确定的意义世界之外。在某种意义上，德曼的修辞阅读理论构成了奥斯汀言语行为理论"如何以言行事"的反题：人其实没有能力利用语言来做事，语言使用的后果是完全无法预料的。

　　阅读的解构性和语言运用的伦理后果在德曼对卢梭文本的解读中有更为具体的展示。卢梭曾两次在带有自传性质的文本中对自己过去的不道德行为表示忏悔，第一次叙述见于《忏悔录》第一部第二章末尾，卢梭自陈少年时在雇主家偷了一条漂亮的丝带，在被人查获时他当场诬指一位无辜的女仆玛丽永，说是她为了勾引他而偷了丝带，两人随后都被解雇了。卢梭回忆起这个可怕的罪行时意味深长地说到，这个道德蒙羞的年轻姑娘在当日之后的生活中必然会遭遇诸多不幸。按照常理，讲述应该到此为止，因为"忏悔就是在真理的名义下克服罪感和羞耻感"[1]，它是无条件的、直面真实事件的坦白行为，并不需要任何后续的补充描述，但是卢梭却认为自己还需要辩解一番，多说些"当时的实情"避免造成他人误会，这意味着除忏悔的言说模式外，卢梭又以真理的名义建立了一个辩解的模式，前者是述事话语，后者卢梭认为也是述事的，然而在实际运作中却被证实为述行话语。卢梭不断在忏悔中加入辩解，并且引入不可证实的"内心感受"作为辩解的理由："我害怕羞耻甚于害怕死亡"，"我对玛丽永有欲望"，"我正想把这条丝带送给她"等等。被卢梭处理为述事话语的辩解模式运转得越来

[1] Paul de Man, Allegories of Reading:Figural language in Rousseau,Nietzsche,Rilke and Proust, New Haven and London:Yale University Press, 1979, p. 279.

越夸张,它将完全不合逻辑的托词塞入到语句句法中:"我自己干出的事却诬陷是玛丽永干的,说她给了我这条丝带,正是因为我想把这个东西送给她。"[1]类似的借口托词说得越多,越令人起疑,结果是卢梭宣称源自内心感受的辩解解构了据称是真心的忏悔。第二次叙述见于《一个孤独漫步者的遐想》"第四幻想",卢梭曾在《忏悔录》中发誓不再提起有关丝带的谎言事件,但是数年后他还是忍不住又对这一事件作了说明,这一次的忏悔和辩解比前次更加离奇。卢梭用"害羞"作为掩盖一切的托词,是害羞的天性导致他常常在别人面前说错话,而一时情急脱口而出的谎言完全算不上谎言,因为没有伤害到别人,所以只能算虚构。在诬陷玛丽永一事上,卢梭只是紧急关头失口说出"Marion"这个词,主观上并没有赋予它任何指涉意义,"Marion(玛丽永)"和因被盗走而丧失原有意义功能的"ribbon(丝带)"一样,"仅仅象征性地作为一个能指流动"[2],之所以虚构会对玛丽永本人造成伤害,那是因为听见"Marion"的人对这个词作了指称性阅读(referential reading),连累了被语言强行指定的人,如果人们都能明白语言是非认知的虚构,那么就能洗脱卢梭和玛丽永的污名了。卢梭是天才的诡辩家,他的自我辩护当然无法令人信服,忏悔于是变成了辩解,源源不断的辩解是虚构和谎言的连续,强调真实性的自传文本也因之自行解构。

　　德曼一开始就提醒我们,《忏悔录》不是一个忏悔的文本,因为忏悔是"认识论意义上对语言的运用",它强调的是真和假的价值判断。[3]而卢梭认为他的忏悔和辩解都是在讲真话,语言陈述事实和陈述假设的功能之间没有区别,"我所知的事实"和"我考虑的感受"是一回事,这就给借口托词留下了转圜的余地。事实上,自传以外的任何文本也都不是忏悔的,德曼指出,我们过往生活中的一切都以两种形式存在着,一种是物质性的、已发生的事实,另一种是我们的经验在语言中形成的"事实",后一种事实是我们唯一能谈论的,但由于语言的不可靠性和人的认知局限,真实情形已然不得而知,"语言同指称性意义(referential meaning)相比是完全自由的,能够设定语法所允许的任何东西。"[4]所以语言是不负责任的,它没有讲述真实和符合事实的义务,进入到语言中的忏悔和辩解没有本质上的区

---

1 [法]卢梭:《忏悔录》,黎星译,北京:商务印书馆,1986年,第86页。
2 Paul de Man, Allegories of Reading:Figural language in Rousseau,Nietzsche,Rilke and Proust, New Haven and London:Yale University Press, 1979, p. 283.
3 Ibid, p. 279.
4 Ibid, p. 293.

别,换句话说,用语言表示的忏悔总会向辩解转化,忏悔的文本总会被写成自我辩护的文本,语言的虚构有可能为最冷酷的罪行进行辩解,制造虚构是"最清白无辜的活动",也是最残酷无情的行为,因此,卢梭的忏悔体现了真正的忏悔的不可能,并且他为自己没有能力忏悔而忏悔。

余论

阅读不是一种纯然的意识活动,作为一种"实践",阅读不仅具有认知维度,它还将引起反思、批判。希利斯·米勒总结道,阅读应该有自己独立的伦理,独立于其他任何价值考量(政治的、经济的乃至于伦理学的),"在严格的意义上,每次阅读都是一次伦理体验,因为阅读的发生必定是对某种范畴性召唤的回应,必定是一种无法回避的需求。"[1]"伦理"一词在米勒看来是康德意义上的"绝对律令"(categorical imperative),假如读者不能在阅读过程中感受到"必定"(must),而是怎么读都可以,那就谈不上伦理性;但是,解构阅读又不可能给出一个"正确阅读"的方法,所以只好被迫不断地"误读"。这时读者就进入了一种伦理情境,每一次阅读行为都是一次伦理体验,阅读和伦理不可分割,因为"读者必须对阅读负责,对它在个人世界、社会层面和政治领域所产生的后果负责。"[2]所以米勒倡导一种"主动献出自己的阅读",即天真地、如孩童般投身于阅读过程中,而不是去怀疑、质询和抵制。

德曼对于伦理问题的思考则另辟蹊径。在修辞阅读理论中,"伦理性"(ethicity)是众多话语模式的其中一种,伦理问题并不独立于语言之外,"喻说永远是伦理性的,'伦理性'这个术语指代两种截然不同的价值体系之间的结构性冲突。在这个意义上,伦理与一个主体的(受阻的或自由的)意志无关,也没有更强烈的理由(nor a fortiori)与主体间的关系有关……通向某种伦理音调(ethical tonality)的途径不是来自于先验的命令,而是语言混乱的指称的(因而也是不可靠的)形式。"[3]和其他所有人类行为一样,伦理也深陷语言的修辞结构中,因而不可能是完全"伦理的"。德曼的"阅读的伦理学"认为,不能简单依靠文本(包括各种知识概念)得出好/坏、对/错的判断,伦理无法统治阅读,它只是阅读的一部分。尽管语

---

[1] J.Hillis Miller, The Ethics of Reading, New York:Columbia University Press,1986,p.59.
[2] Ibid.
[3] Paul de Man, Allegories of Reading: Figural Language in Rousseau, Nietzsche,Rilke,and Proust, New Haven and London:Yale University Press, 1979, p. 206.

言和现实都要求我们必须选择一个伦理立场，但是德曼提醒道，阅读永远阻碍人们进入意义，意义也不停地需要呼唤理解，超脱语言之上的伦理选择是不可能的，我们需要时刻注意价值判断对文本统治的失败，反思伦理批评和道德审查的暴力，这一切都将指向对他者的终极关怀。

结语

本书试图把捉的,是解构之"哲学书写"、"阅读实践"和"伦理批评"的思想线索,阅读书写和批评实践并不意味着解构式"阅读"和"伦理"可以分解为两个不同的部分,事实上,正是解构阅读引出了"阅读的伦理学"和"阅读的政治学"等问题,阅读本身就已是一种伦理体验,阅读产生的后果往往具有伦理性。

就"解构"本身而言,也许采用常规论文的形式,无法还原德里达、德曼令人神驰的解构思考。解构不遵循传统意义上的二值逻辑(非真即假,非此即彼),没有鲜明的主题和既定的意义结论,在破坏和建构的两极之间却又不倒向任何一方,因而可以看成一种双重会话和双重科学的运作。如查尔斯·雷蒙德(Charles Ramond)所言,解构就像对一块布的切割(découpage)或再切割——同时完成了对原物件的损坏和新物件的创制,这是一种构建性切割或重新分区(redécoupage)的阅读实践,所以解构的"读"也是"写"。[1]解构总要在具体文本和传统阅读内部发挥作用,德里达和德曼都可说是"寄生型"思想家,他们坚持认为"人只能在他者的语言里思想",这是对海德格尔理论观点的批判性延续:"我们只是在一种语言中思想,无论何人,他的思想只能在他的语言中进行,既不能也不该置身于某种元语言的中立性之中。"[2]所以解构理论不事体系,避免正面立论和总体性写作,专注于重新切割、嫁接、并置文本背景与语境的阅读(书写),解构式阅读并不是一种"批评"方法,它只需以引用原文和"涂改"(effacer)概念的方式让文本在自我"重复"和"重申"中"发出回声",使文本听见自身的"不和谐音",从而陷入意义不确定的状态,而原有的体系和批评则在自己制造的矛盾中分崩离析。解构式阅读更像一种鉴赏式的"听觉教育",它没有一套固定路线的演示方法,而多从文本的"边缘"或"盲点"发起反击,从中心和权威批评的压制下解放出更多新的东西,进而摆脱强求语义明确的重

---

[1] Charles Ramond, Vocabulaire de Derrida, Paris: Ellipses, 2001, p. 20.
[2] Jacques Derrida, De l'esprit:Heidegger et la question, Paris:Galilée, 1987, p. 110.按:1966年9月23日海德格尔接受《明镜》周刊记者采访,在访谈中海氏重申了德语与希腊语作为思想性语言的"特殊内在亲缘关系",以及对于存在之思和精神的必要性。这篇访谈文章正式发表于1976年海德格尔身故后。德里达自1986年起在高等研究学校(简称"EHESS")以"康德,犹太人,德国人"(Kant,le Juif,l'Allemand)为题讲授德国思想,其中即含有与海德格尔的论辩,1987年德里达发表了《论精神——海德格尔与问题》的演讲,文中反驳了海氏赋予德意志民族语言及其他形而上学语言以特权的做法。

复性阅读。解构是"变革",不是"摧毁"。因此,本书对德里达、德曼思想的评述不是大而化之的概念杂烩,而要深入解构具体的文本语境中。

假设我们把德里达早期思想归纳成一种哲学类型,那么运用常规的理解方法就会遭遇意想不到的困难,"概述德里达"之类的表述总会产生近乎反讽的效果,而"解构"一词作为德里达哲学最广为人知的"非概念"(non-concept),任何一本术语词典都无力完全收录其意涵。事实上,德里达解构思想的目的正是要构建一种无法被概念"掌控"(saisir)的哲学,并且使这种以同一性为基础的"概念化"(conceptualisation)过程失掉合法性。"概念"是自柏拉图以来西方哲学本体论(ontology)表达思想的基本单位,形而上学则是关于"是(on)"或"存在(ousia)"的思想论述,在德里达眼中,从古到今形而上学的概念体系都是以"知识"(épistémè)和"真理"为名义的暴力建构的等级秩序,其特征是语音中心主义的逻各斯中心论(logocentrisme),"逻各斯(logos)与语音(phonè)原始本质的联系从未被打破……语音的本质在作为逻各斯的'思想'内部与'意义'相关联,它直接贴近'意义'的生产、接受、言说和'收集'"[1]。"逻各斯"是合语言与思想、语言与理性为一体的"言语",即"真理言说"(speech of reason),逻各斯中心代表绝对权威、"神之言语"(divine Word)、"充分在场"(full presence)和"超验所指"(transcendental signified),因而是整个西方哲学文化传统的支撑点与原初动力,是所有二元对立思想结构的源头和根据,如言语/书写,在场/缺席,哲学/文学,精神/物质,理智/情感等等,并且先验地断定对立的两项中前项优先于后项。因此,"解构"所要解构的就是逻各斯中心及其所设定的在场形而上学体系。

"解构"并非无源之水,从当代上溯古希腊、希伯来文明时期,有很多人提出过反形而上学的思辨,例如尼采(Nietzsche)、弗洛伊德(Freud)、海德格尔(Heidegger)等先行者[2],其中又以海德格尔对德里达的影响最大。"解构"首先是海德格尔追问存在意义,重建存在论的现象学方法,"destruktion"的含义是"拆除"、"分解"或"解析",而非"毁坏"或"摧毁"。海德格尔认为,现象学的解构工作是要标注存在论传统中积极的可能性,即探明这一传统的活动边界,进而寻求和论证以现象学为基础重建存在论

---

[1] Jacques Derrida, De la Grammatologie, Paris:Minuit, 1967, p. 21.中译参见[法]雅克·德里达:《论文字学》,汪堂家译,上海:上海译文出版社,2015年,第13页。译文略有改动。
[2] "设若,有人仍想以直陈的名义选择一些'特别的名字',提及一些在这种发生过程("解中心",décentrement)中使用最激进的话语形式的作者,那么无疑得引用尼采对形而上

结语

的可能性,但是"这一解构工作并不想把过去埋葬在虚无中,它有积极的目的,它的否定作用始终是隐而不露的,是间接的。"[1]德里达试图改造并超越海德格尔的"解构",彻底否定逻各斯中心主义对西方思想文化的支配,其主要方式是以"言说"与"书写"的二元对立为切入点,展开对在场形而上学的核心"语音中心主义"的批判。在德里达看来,以往哲学体系的构建都是"反书写"的,甚或是"反语言的",胡塞尔意识现象学的意向性还原将语言符号的物质性(非透明性)视为意义在场的阻碍;弗洛伊德虽然用刻划书写类比无意识的梦,但以他为代表的精神分析学说仍把无意识症状当成需要被治疗克服的对象;列维-斯特劳斯的结构人类学隐含"人种中心主义"的倾向,对语言的规定也是自相矛盾的;福柯试图写作疯癫自身的历史,然而却预设了话语交流与作品撰写对疯癫的排除。至于索绪尔和奥斯汀,他们的语言学研究延续了逻各斯中心主义历史上口语-文字,真实-虚假的二元对立,并以打压后者的方式凸显前者。

本书第二章主要介绍德里达早期在哲学领域对形而上学发起的挑战,展示德里达的解构思想如何在汲取了其他反形而上学思辨的精华的同时,也对后者根深蒂固的逻各斯中心主义观念作了起底和清淤,发展出拆解诸种中心结构的文字学书写。本章的主要观点是,德里达的形而上学论断或许不能令人尽数信服,不过解构的确发现了一种全新的哲学书写,或者可以进一步说哲学本身也是一种书写方式,它"遣用了某种语言系统的储备,安排调动了一系列比哲学更古老(archaic)的隐喻的可能性"。[2]此外,书写符号兼有语音和文字的特征,任意流动的符号编织(textile)出去中心、非结构和无本质的文本。正因为发扬了这种文本隐喻维度的存在,解构思想对文学理论和文学批评的影响与日俱增,并与以德曼为代表的美国耶鲁学派相互成就。

第三章则论述德里达以隐喻策略和替补逻辑为主要内容的文本理论,

学、存在与真理概念的批判,这些概念都被游戏、解释和符号的概念(没有在场真理的符号概念)所取代;引用弗洛伊德对自我在场(la présence à soi)的批判,也就是说对意识、主体性、自我认同(l'identité à soi)、自我接近(la proximité à soi)、自我属性(la propriété à soi)的批判;以及更激进的,引用海德格尔对形而上学、本体论-神学(l'onto-théologie)、作为在场的存在的规定性的拆解(destruction)。" Jacques Derrida, L'Écriture et La Différence, Paris:Seuil, 1967, pp. 411-412.中译参见[法]雅克·德里达:《书写与差异》,张宁译,北京:三联书店,2001年,第505-506页。译文略有改动。

[1] [德]马丁·海德格尔:《存在与时间》,陈嘉映、王庆节合译,熊伟校,北京:三联书店,2012年,第27页。
[2] Jacques Derrida, Marges-de la philosophie, Paris:Minuit, 1972, pp. 265-266.

结语

并揭示其与福柯、巴尔特的后结构主义文本观有着密不可分的联系。本章首先阐释了解构的隐喻策略，如果说德里达文字学的书写反击了西方语音中心主义，那么阅读哲学文本中的隐喻就是对逻各斯中心主义的直接挑战，理性与隐喻、哲学与修辞学的对立可以溯及古希腊"逻各斯"和"末梢斯"（muthos，神话）之争，德里达指出，哲学文本和文学文本享有共同的语言成分，也就是它们始终都包含着隐喻和虚构，甚至可以说没有隐喻就没有哲学文本，哲学文本处于隐喻之中，"隐喻的全部哲学界划已经由'复数的隐喻'（métaphores）构建和创作完成了。"[1]其次，通过评述巴尔特和福柯的后结构主义文本观念，论文阐释了解构主义文本理论的学理背景，以及与结构主义文论的异同。德里达、巴尔特、福柯这三位理论家同为法国理论的代表人物，1966年在约翰霍普金斯大学学术会议上，巴尔特与德里达的演讲受到极大关注，人们将这一事件描述为"结构主义与解构主义同时到达美国"，福柯是德里达在巴黎高师时的老师，而这对师生的思想论争竟长达数十年之久。可以说，解构主义与结构主义之间存在着异常复杂的彼此促成又相互反对的分蘖关系，正如结构主义在与萨特"人道主义的存在主义"进行论战时开疆拓土，解构主义则是在拆解中心结构、反对结构主义统治的过程中丰盈自身，"不矛盾地说，结构主义是一种灾异性意识，它既有被毁灭性又有毁灭性，即解构性（déstructurante）"[2]。再者，具体到"文本"上，解构主义与（后）结构主义的交集在于"书写"（écriture）和"互文性"[intertextuel,或译为"文本间（性）"]，德里达文字学的运作特点可以归结为"延异"（différance）和"播撒"（dissémination），différance含有时间上的延迟和空间上的差异，它不会被语音发觉，也不受on或ousia的支配和统治，因而能够驱散在场幻觉，置换形而上学语言；dissémination是意指关系的活动样态，即语义（sémantique）像种子（semen，包括精子）一样随处播撒变异，在互文中形成不同的语境，产生无限不确定且不可还原的意义效果。最后，在德里达文字学中，文本网络和意指活动依从替补（supplément）的逻辑，替补品或替补的需要验证了实在的一种本源性匮乏，在场形而上学的所有设定，如中心、起源、本质都不复成立。至此，解构主义的文本理论业已成型，这就为其转移到诗

---

1 Jacques Derrida, Marges-de la philosophie, Paris:Minuit, 1972, p. 301.
2 Jacques Derrida, L'Écriture et La Différence, Paris:Seuil, 1967, p. 13.中译参见[法]雅克·德里达：《书写与差异》，张宁译，北京：三联书店，2001年，第5页。

学研究和文学批评提供了契机。

接下来的第四、五章，主要关注保罗·德曼的修辞阅读理论，选择"修辞学"和"阅读伦理"等关键词来指涉德曼的解构文论。

"修辞"之于德曼一如"文字（书写）"之于德里达，解构修辞学置换了人文三艺"逻辑-语法-修辞"的传统秩序，文字学书写则是对"思-言-字"真理体系的反叛。如前所论，以耶鲁众人为代表的美国解构批评与德里达解构思想关联紧密，尽管耶鲁学派文学批评时常被冠以"批评的批评的批评"、"文学解构主义"之名，但不能简单将其归结为德里达哲学的文学后继或附庸。美国解构主义的独特性在于，它不是在结构主义思潮如火如荼的欧陆发展起来的，它的反叛对象是主张诗歌文本有机统一、语义自足的"新批评"和浪漫主义诗学，所以德曼等人的研究重心不在拆解结构、移除中心、质询本原这些解构的一般工作中，甚至一定程度上，"解构"不能算作德曼文本的关键词，因为在德曼看来，文学语言和文学文本绝不是指称意义明确、等待读者破译的对象客体，文学是一个阅读问题，而阅读和理解文本并不是理所当然的，语言的修辞性特征使意义始终处于不确定状态，这往往导致的结果是，每一次号称"正确"的阅读都会在自身被阅读时呈现为某种误读，"它（叙事主题）总会导致不相容的意义之间的对抗——根据真理和谬误的标准来判定这些不相容的意义是必然存在的，但又是不可能的。如果其中一种阅读被宣布为正确的，那么总有可能通过利用另一种阅读来挫败它；如果这种阅读被判决是错误的，那么也总能证实它陈述了它的反常（aberration）的真理。"[1]不同解读相互反对又相互合作的文本阅读方式被德曼称为"阅读的喻说（allegories，或作"讽喻"）"，这一命名至少有三层意思：其一，包括文学文本在内的一切文本都是比喻/形象（figure）的语言的运作结果，而修辞断绝了能指和所指、陈述与意义一致的可能，让具有比喻/形象系统的文本自行解构；其二，阅读是永无止境的，文本的比喻/去喻、构形/毁形的模式不会在阅读过程的某一环节结束，相反，任何阅读都会产生一个替补的叠加起来的比喻，继续叙说前一叙说的不可阅读性；其三，所有叙事都在叙述阅读失败的故事，差别仅仅是程度的不同，阅读的喻说是将阅读之不可能性读成一个隐喻。可以看出，德曼与德里达改进和解放形而上学概念的方式有其共通点，就是在不完全废弃传统

---

[1] Paul de Man, Allegories of Reading: Figural Language in Rousseau, Nietzsche, Rilke, and Proust, New Haven and London: Yale University Press, 1979, p. 76.

观念的情况下，利用语言自身的矛盾性和不确定性，使原有的符号指称与意义之间的观念联系松动、解绑、转移，将中心/边缘的结构关系置换为文本阅读之链上的替补逻辑，从而超越传统思想秩序。由此也可以理解德里达与德曼对传统理论术语的挪用和转写，比方说德曼认为阅读的理想状态是"没有'阅读'的阅读"（reading without Reading），对修辞的真正理解是"没有'修辞'的修辞"（rhetoric without Rhetoric），解构式阅读和解构的修辞学不是单义化的，而是一直以扬弃大写的旧语词的方式书写新词。

基于此，本书第四章的重点是德曼对传统辞格和修辞手法的激活使用。正如德里达的评价，德曼是从"修辞学"入手对文本展开解构式阅读的，一方面，他通过重审逻辑、语法、修辞三位一体的传统话语秩序，提出修辞因素绝非逻辑和语法的附庸，相反，逻辑和语法的构建与修辞密不可分，是修辞推动了意义的无限生成和流动，而文本为了保持自身的完整性和一致性，恰恰需要限制和抹除修辞这一最活跃、最难以预料的内部要素；另一方面，德曼的解构修辞策略对语言和时间的关系问题展开新思考，象征（symbol）、喻说、反讽（irony、ironie）这些修辞学术语与时间性主题相关联，重新定义"时间"的时间性修辞指出了语言的本质是无穷尽的差异运动，这种差异运动在德里达那里是"延异"，德曼则用"文学"来形容阅读和交流的后果，"……意识并不源自某物的缺失，而在于一个虚无的出场……语言永不知倦地重新命名虚无。这种坚持不懈的命名行为就是我们所说的文学"[1]。在德曼看来，文学文本和批评文本，文学和哲学并无根本的区别，一切文本都可归结为某种修辞模式，美国新批评是对其"假定的统一性的缺场的反讽性反思"[2]；哲学由于"真理的文学性和修辞性本质"，所以"永远无法摆脱它所谴责的修辞的欺骗"[3]；还有心灵和主体也不在语言之外，"心灵只能是言语的心灵……心灵或主体就是最重要的隐喻，是各种隐喻的隐喻。"[4]对此，历来都有评论者指责德曼主张的是极端文本主义，弗雷德里克·詹姆逊（Fredric Jameson）认为，试图将特权和至高价值赋予美学和诗歌语言这一举措证实了德曼是一个身处后现代主义阵营的"落伍的现代主义者"，伊格尔顿更是直言："英美解构主义不过是老旧的新批评形

---
1 Paul de Man, Blindness and Insight:Essays in the Rhetoric of Contemporary Criticism, Minneapolis:University of Minnesota Press, 1983, p. 18.
2 Ibid, p. 28.
3 Paul de Man, Allegories of Reading: Figural Language in Rousseau, Nietzsche,Rilke,and Proust, New Haven and London:Yale University Press, 1979, p. 115.
4 Paul de Man, Aesthetic Ideology, Minneapolis:University of Minnesota Press, 1996, p. 45.

式主义的复归"[1]。其实这里有一个需要澄清的问题，德曼所谓的文学解构不是以文学为对象的解构，而是从作品中读出自行解构的文学，文学本身就是语言修辞，任何批评阅读都不能将之禁锢或终结，"在批评家们宣布废止文学的那一刻，文学将无处不在；批评家们称作人类学、语言学、精神分析的东西不过是文学的复现，文学据信会准确出现在任一受压迫的点上。"[2]凑巧的是，当解构批评谈论"压迫"时，它已经潜在地提出了自己的伦理目标，即不受占主导地位的意识形态和强势话语的裹胁，始终援助和解救被压迫者。

接下来是第五章，这一章的"阅读伦理"是对前一章"修辞学"的进一步拓展，并且引入阅读的不可读性和语言的悖论问题，论文探讨了解构与批评既非同一也非对立的关系，也推导出解构的阅读实践走向激进化和彻底化。布鲁姆的误读理论将纳入到与德曼的修辞阅读理论的比较中。布鲁姆早期以误读的必然性为前提分析"诗的影响"，在他看来，诗歌传统来源于文本之间、诗人之间影响的竞争，后来的诗人为了确立自身的独特性，必得对某个大诗人的杰作进行创造性地误读和修正，以图超越先辈提升自我。事实上，批评家之间未必没有这种想象性联系，布鲁姆后期就把解构主义当成批评实践中的重要对手，他一再强调文学的审美价值、情感性、超越性和崇高感，以重返人文主义和犹太神秘主义传统[卡巴拉（Kabbalah）和诺斯替（Gnostic）主义]的姿态对抗消解知识记忆、否定人的存在的"理论"。所以，"一切阅读皆误读"的口号尽管是布鲁姆提出的，但他的误读理论明显不同于德曼等人的解构主义误读理论，前者的"影响-误读"（influence-misreading）是创作主体自主选择的结果，而对后者来说，误读是阅读所无力摆脱的一种状态，甚至可以认为从来没有"正确阅读"这回事，"我们现在将阅读理解为任何文本都不可或缺的成分。在这样一种（阅读的）喻说中所表征的一切将偏离阅读的行为，并阻止其通往理解的道路。阅读的喻说叙述了阅读的不可能性。但这种不可能性一定会延展到'阅读'这个词，从而使它的所有指称意义被剥夺。"[3]德曼认为，阅读行为是无穷无尽的，批评只是阅读的一个隐喻。批评家在发表评论意见时不能不陈述

---

[1] Terry Eagleton, Literary Theory:An Introduction,Second Edition, Minneapolis:University of Minnesota Press, 1996, p. 126.
[2] Paul de Man, Blindness and Insight:Essays in the Rhetoric of Contemporary Criticism, Minneapolis:University of Minnesota Press, 1983, p. 18.
[3] Paul de Man, Allegories of Reading: Figural Language in Rousseau, Nietzsche,Rilke,and Proust, New Haven and London:Yale University Press, 1979, p. 77.

立论，这就注定是对文本的误读，而且批评文本也会偏离作者意图，说出一些自身也未意识到或打算说出的话，因此，批评是关于对象的偏离之偏离，它持续提供具有"生产性"的误读观点。德曼将一些当代典型的文学和哲学批评，如新批评、宾斯万格（Ludwig Binswanger）、卢卡奇（Georg Lukács）、普莱（Georges Poulet）、德里达等，总结为"盲视"（blindness）与"洞见"（insight）的模式，也就是说，批评必定会在某一节点上对自身陈述（statement）和意义（meaning）的不一致性产生盲视，批评家的语言则在经过这种长久的否定运动后接触到了某种程度的洞见，洞见意味着与盲视相对立以及突破此前所有常规的见解。如同语言字面义和引申义的关系，批评的盲视与洞见亦是彼此否定又相互依存，洞见是从盲视中诞生的，"批评者在对他们自己的批评性假设产生绝大盲视的时刻，同时也是他们取得绝大洞见的时刻"[1]。所以，阅读批评不必附人骥尾追随权威观点，读者和批评家也永远有事可做。值得一提的是，反对者曾讥称德曼的文论是"批评的批评的批评"（criticism of criticism of criticism），但德曼给出的论断是，语言的修辞性质导致文学批评和文学文本、文学文本和一切非文学文本的界限形同虚幻，文学批评所引发的是绝不简单的哲学问题，是哲学对自身文学性的反思，也是阅读面临的语言的两难（double-bind）困境。

  德曼所说的阅读的不可能性具有双重含义：阅读既悬置概念又解放概念，既抵制理解又增进理解。对他而言，一切概念语言都是隐喻替代的过程，形而上学的理性框架实际建基于语言的诸多谬误、失常、愚昧和欺诈之上，进而言之，人类特性和文明社会的本质也根植于具有自我解构性、自我毁灭性的语言修辞中，且两者的关联仍是隐喻性的。当然，这不表明语言失去了表意、认知功能，只是相较于以交流和理解为主要目的的传统语言观，德曼更想强调语言的反思性认识，也即自我指涉（self-referential）的语言终将意识到自身永远无法触及客观存在，但语言实践又不得不时时刻刻从事这项无望的工作。因此，德曼从"修辞认识论"、"隐喻认识论"的角度重审语言运用（滥用）的问题，并指出字面义迁就引申义的阅读大大增强了伦理性张力，最直接的一个例证便是形而上学语言中"人"的概念，对"人"的本质的界定无论从外表（柏拉图认为是"无毛、两足而指甲

---

[1] Paul de Man, Blindness and Insight: Essays in the Rhetoric of Contemporary Criticism, Minneapolis: University of Minnesota Press, 1983, p. 109.

较宽的走兽"），还是从内在（人有理性的灵魂）都无法决断，一方面是因为何种形相与有无灵魂并无必然联系；另一方面，有了"人"自然会出现"非人"，该怎样对待被视为怪胎、疯子、低能儿的"非人"无疑是最具伦理性的议题。需要说明的一点是，德曼固然视"伦理"或"伦理性"（ethicity）为千百种语言（修辞）模式的其中一种，和哲学、神学、政治没有本质区别，但是解构式阅读同样关注文本的道德维度，关心文学语言的政治实践是否有效（如卢梭《社会契约论》的"承诺"），关心自传文本的忏悔方式何以转化为辩解和托词，这正是一种广义上的"解构批评伦理学"。

与阅读实践相似，解构理论对伦理也有全然别样的理解。鉴于传统伦理批评僵化的道德说教和浓重的训诫色彩，现代理论家总是对伦理学置之不顾，特别是自认秉承尼采式理性怀疑精神的解构论者，对一切独断论话语或前在的价值观念都不以为然，在他们眼中，伦理学和其他意识形态建制一样，"不过是一种为着欺骗的目的而做的编造：比艺术性的虚构更糟的是粗暴的欺诈。"[1]然而，解构理论并没有简单、绝对地拒斥道德原则和伦理责任，真正的问题在于人能否在不确定的语言中对伦理问题作出决断？德里达认为："活生生的言语的伦理学是完全值得重视的，但事实上是十足的空想并且是非局部性的东西（atopique）……言语的伦理学是受到支配的在场的诱惑物（leurre）。"[2]解构的否定论立场一向针对的是人类学和人道主义身后的形而上学预谋，传统的伦理学概念作为哲学的分支总有可能暗中支持某些压迫性的意识形态，而解构的伦理学设计则是寻求超越，也就是在自身的疑难（aporie）中去做不可能的思考。"疑难"一词也经常出现在保罗·德曼的晚期文本中，用于指示一种"难于辨认的喻说"（allégorie de l'illisibilité），"保罗·德曼译解的疑难之体验，是给予或许诺对道路的思考，激发思考仍无法思考或尚未被思考的可能性，甚至思考不可能的可能性。理性的各种形象在疑难的疯狂中显示或勾画了出来。"[3]

解构显然不只是一种阅读理论和批评方法，它也不满足于将语言和文学引入哲学讨论，解构要生成的是全新的理论书写和伦理学，后者是一种超越形而上学的、面向他者的伦理思想，这种思想甚至是不能用语言加以形容的。这是因为，尽管人不能不依靠语言去思想，思想一经表达就成为

---

1 Friedrich Nietzsche, On the Genealogy of Morals and Ecce Homo, Walter Kaufman ed., Walter Kaufman and R.J.Hollingdale trans., New York:Random House, 1989, p. 10.
2 [法]雅克·德里达：《论文字学》，汪堂家译，上海：上海译文出版社，2015年，第204页。
3 Jacques Derrida, Mémoires pour Paul de Man, Paris:Galilée, 1988, pp. 129-130.

了语言，但是语言的普遍性和相对性与责任的绝对性和道德命令（唯一的伦理选择）是不相合的，解构伦理学所遵循的绝对责任处于语言之外，是对"全然他者"（tout autre）的答复。而且，解构伦理学并不是对"言语伦理学"的否弃，而是要与之构成悖论性的两极，即"语言-非语言"（"可能-不可能"）的伦理，因之，解构的"伦理学"也具有双重属性，它既是对道德伦理的背离又是对它的超越，是不负责任的也是最负责任的。反对者关于解构的道德指责经常出于普遍意义上的伦理观念，故而两者的交流是一种深刻的错位，由此产生了诸多歧见。

在"理论"兴起的背景下，解构主义作为一种哲学战略为人所熟知。本书在梳理德里达有关胡塞尔、弗洛伊德、列维-斯特劳斯、福柯、奥斯汀、塞尔等人的文本阐释的基础上，探讨了解构主义如何通过不同方式重新阅读经典著作，从而使传统的哲学话语模式消解。在阐说解构哲学的基础上，本文又进一步从文本理论、修辞学、阅读伦理等方面讨论解构的文学实践，德里达打破了文学和哲学的传统区分，他用文学行动来干扰哲学定义，又在分析文学时引入哲学讨论，进而在诸多人文领域迁转、播撒其"文本"理论；德曼在文学理论和文学批评中推广和发展了解构思想，他从揭示语言的修辞性维度入手，对旧有的语言观、真理观、文本观、批评观等施行了起底和清淤。德里达和德曼确实是同道中人，他们心照不宣地将形而上学概念（哲学/文学、文学/批评）置换成作为语言形式的"文本"，解构的双重运作既抹消了传统思想的藩篱边界，又抽空和涂改了二元对立概念的本质属性，文学性语言的不确定性促使文本结构不断地解构和重构，因此，读解出的文学文本永远具有无限的开放性和生成性。

解构阅读的伦理——保罗·德曼与雪莱诗歌批评
郑楠

作为耶鲁学派的领军人物，保罗·德曼是当代美国最重要的文学批评家之一。他的修辞阅读理论一直以来饱受争议，反对者常斥之为"虚无主义"或"语言游戏"。本文认为，德曼在著作中呼吁读者关注语言的修辞性质，警惕文本阐释的单一化，并对阅读行为本身展开反思，这些主张及至今日仍具有很强的借鉴意义。更值得注意的是，以德曼、德里达等人为代表的解构实践尝试发掘语言的潜能，从而建立一种关心他者的文本阅读方法，这显示出解构式阅读的伦理倾向。

一、阅读不是"考古事业"

《生命的凯旋》（The Triumph of Life）是浪漫主义诗人珀西·雪莱（Percy Shelley）未完成的一首长诗，对它的阅读和阐释历来是浪漫主义文学研究的重要任务。其中，美国解构主义文论家保罗·德曼（Paul De Man）的论文《被毁形的雪莱》（Shelley Disfigured）尤为引人关注，这篇评论最早出现在耶鲁学派的文集《解构与批评》（Deconstruction and Criticism,1979）中，经常被视为解构主义阅读理论和文学阐释的代表之作。德曼对诗歌文本的考察，无意于重新挖掘各种意象与文本外部的概念性联系，转去关注语言的比喻游戏，他认为，《生命的凯旋》因其"残缺不全的文本模式"成为了一个典型，对它的解读能"揭示出隐藏在所有文本之中的一种断裂性创伤"[1]，而传统文学批评试图将诗歌还原为最准确版本的努力，反而掩盖了文本自我建构和解构交替的轨迹，使本应成为经典的文本被贬低成一个碎片。J.希利斯·米勒分析这首长诗时说："在其自身内部包含了相互挤撞的逻各斯中心主义形而上学和虚无主义——这本来是互不相容的，难怪批评家众说纷纭，莫衷一是。《生命的凯旋》的文本意义在于，永远不能被还原为任何'单一义'的阅读，也不能被还原为'一目了然'式或简

---
1 Paul de Man, The Rhetoric of Romanticism, New York:Columbia University Press, 1984, p. 121.

单的解构性阅读，因为那里根本就不可能有这类东西。"[1]

由于诗人雪莱的意外身故，《生命的凯旋》在获得经典文学地位的同时，也被人们视为亟待修复的断章，因而对它的阅读和阐释经常伴随着一种强劲的"正确解读"倾向，即，以类似文献学和考古学的复原方法，反复编辑和重构诗文版本，以求解码这首长诗的隐喻能指链和意象结构，锚定其中心题旨和文本意义。这类工作似乎直到今天还未彻底完成，据传，《生命的凯旋》仅开头的几行诗句就被发现存在至少五个原初版本。除了版本的修复，另一类迫切的问题是，如何看待这首长诗与雪莱其它作品之间的关系，如何将它安置在诗歌传统中？基于此前丰富的文献学研究，每个回答似乎都有充足的理据，有人指出，这首诗的中心主题与雪莱的另一首长诗《阿多尼》非常接近，都是对"人世间慢性污染的病毒"的控诉[2]；T.S.艾略特认为《生命的凯旋》主要是雪莱对但丁的伟大致敬；M.H.艾布拉姆斯则视其为表现"心"、"物"结合的杰作。这里尤其值得注意的是耶鲁学派文学批评家哈罗德·布鲁姆的评论，文中肯定了艾略特的见解，认为但丁对雪莱的影响毋庸置疑，《生命的凯旋》是仿效《神曲·炼狱篇》的三行体韵节（terza rima）写就，诗中引领雪莱的卢梭正好与《神曲》中的引路人维吉尔对应，此外，诗中的某些意象也包含对《神曲·炼狱篇》的戏仿，比如卢梭遇见"她"的形体（shape）滑行于水面的场景描写。但是，布鲁姆又提出，《生命的凯旋》并非对但丁文本的单纯摹仿，而是关于时间和历史的反向书写，"生命的凯旋"不是什么欢快的场景，"光的形体"（"形影是邪恶的，或者至少是虚幻的"）指向"恐怖的死亡之舞"，而且，诗中的雪莱一直在思考世间对立不可调和之物，最终他认识到，只有死亡才能使生命完满。[3]

如果把布鲁姆对《生命的凯旋》的评论看作"影响"与"误读"理论的又一次批评实践，那么我们就不难明白这一阐释的学理依据和论证过程，布鲁姆曾提出，"诗必然是关于其它诗的。一首诗是对一首诗的反应，就像一

---

[1] J.Hillis Miller, "The Critic as Host", in Harold Bloom, Paul de Man, Jaques Derrida, Geoffrey H. Hartman, J. Hillis Miller, Deconstruction and Criticism, New York:Routledge & Kegan Paul, 1979, p. 226.
[2] P.H.Butter, The Review of English Studies,Vol.13, No.49, Oxford:Oxford University Press, 1962, pp. 40-51.
[3] Harold Bloom, The Visionary Company:A Reading of English Romantic Poetry, New York:Doubleday & McClure Company, 1961, pp. 344-353.

位诗人是对另一位诗人的反应。"[1]因此，《生命的凯旋》可以视为对《神曲》的创造性误读，是雪莱对但丁的有意误释。《神曲》描写了诗人从地狱到天堂的上升经历，而《生命的凯旋》虽然发生在胜利庆典的场景中，讲述的却是生命被幻影或死亡战胜的下落体验，是"恐怖的死亡之舞"，它虽然仿效《神曲》，却描述了一个截然相反的历史进程，创造出迥然不同的世界。由此可见，后代诗人及其诗作正是在对以前文本的有力偏转中，避免了对时间和历史书写的雷同化、同质化。在关注诗歌传统的浪漫主义研究中，布鲁姆的评论或许是能自圆其说的，但这一阐释至少存在两个关键性问题，导致其误读理论本身的疑难暴露了出来，也使他的同事保罗·德曼将他的分析一并归入此前的"考古事业"。其一，布鲁姆宣称不存在"正确的阅读"，所有的阅读都是误读，"每一位读者同每一首诗的关系都是由一种延迟的比喻所支配……诗人解释他的前辈，任何强劲有力度的后来解释者阅读每一位诗人，都必定通过他的阅读进行篡改歪曲。"[2]这等于在说，布鲁姆对雪莱的误读也是无可避免的，他必定要在创造性的误读中对雪莱和《生命的凯旋》作出有力偏转，而这种偏转和发挥并不总是有效的，最突出的表现就是布鲁姆对诗中"光的形体"的分析，我们后面会详细说明这一点；其二，布鲁姆常常将"诗"与"诗人"混用，对诗的文本的分析和对诗人本身的研究实则是密不可分的，所以我们不仅要考虑文本间性问题，还要探究诗人的内心世界，于是在关于《生命的凯旋》的讨论中，从未被原文提及的人物专名纷纷加入，如"但丁"、"下等维纳斯"、"玛蒂尔达"、"布莱克的维拉"、"《新约》中的伟大妓女"等等，权威性解读还提醒我们要对雪莱本人的政治态度、宗教信仰和文化抉择详加考察。经过这些讨论，《生命的凯旋》本身的故事已不得而知，它的意象结构变得愈来愈不可把捉，文本语言愈来愈繁复含混，这首未完成的长诗也变得愈来愈难以完成。而这些，正是德曼所要反对的。

德曼认为，不管是"正确解读"还是"误读"，似乎都没有对语言或阅读本身的可能性作过反思，它们急于提出文本与外部事物的概念性联系，无论手段可靠与否，并试图通过历史化和审美化的手段掌控文本。具体到《

---

[1] [美]哈罗德·布鲁姆：《误读图示》，朱立元、陈克明译，天津人民出版社，2008年，第70-71页。
[2] [美]哈罗德·布鲁姆：《误读图示》，朱立元、陈克明译，天津人民出版社，2008年，第70-71页。

生命的凯旋》上，多数阅读和阐释都在试图建立它与浪漫主义历史运动的概念性或精神性联系，将文本标识为一个或前进或倒退的历史演化进程的隐喻，不论是太阳战胜星辰、生命战胜太阳的乐观解读，还是生命被"邪恶的阴影"或死亡污染败坏的悲观解读，它们"是这同一个演变和历史隐喻的组成部分"[1]，本质上并没有什么分别。事实上，所有这些阅读和阐释属于同一语言，共同享有一套指涉修辞模式，所做的事情也完全一致，那就是掩盖文本自我构形（figure）和毁形（disfigure），语言任意设定（posit）和述行（performative）的重复活动。在德曼看来，所有语言的使用都是修辞的，修辞过程（构形）除了在语言中持续创造形象外，还借由指涉性在文本中永久逃逸，不断地抹除原先创造的形象，因此，修辞等同于语言的比喻维度（figural dimension），它同时具有述行的力量，让一切追求字面主义（literal），固定语词含义，封闭文本空间的解读努力彻底落空。德曼指出，如果"阅读"不是抵制字面主义的阅读，不是超越"阅读"的阅读，不是对"阅读"之不可能性的阅读，那么它们对文学的理解就是有害无益的，就像围绕《生命的凯旋》的广泛讨论一样，它们先把文本看成残章断句，然后将其重塑为无生命力的雕像或"带墓碑的坟墓"，把与历史化、审美化无关的东西埋葬于其下，如此行事的结果就只能是解读的同质化。

  对德曼来说，阅读是对比喻的语言的阐释，是讲述文本无法封闭自身的故事，也就是关于毁形的喻说（allegory），"所有的文本的范式包括了一个比喻（或者一个比喻的系统）和它的自我解构……喻说总是隐喻的喻说，因此，它们总是阅读不可能的喻说——在一个句子中，属格'……的'（of）必须将自身'阅读'为一个隐喻。"[2]德曼指出，文本会一直处在语法和修辞领域的矛盾之中，"修辞学从根本上中止了逻辑，展现出指涉性变异的令人眩晕的可能性"[3]。文本没有一个单一的、稳定的和权威的中心，它是由语法（确定的规则）和修辞（不确定的转换）之间不可兼容的张力生产的，因此，文本总是自我毁形、自我解构的，它往往通过修辞运作与意识形态、观念意义达成合谋，但又会自动将其破除，使语言回到混沌、偶然、不可把捉的境况之中。文本和语言自身的特质导致所有试图固定文本意义的行动必定失败，无论是作为"正读"还是"误读"的批评性阅读总是在

---

1 Paul de Man, The Rhetoric of Romanticism, New York:Columbia University Press, 1984, p. 96.
2 Paul de Man, Allegories of Reading:Figural language in Rousseau,Nietzsche,Rilke and Proust, New Haven and London:Yale University Press, 1979, p. 205.
3 Ibid, p. 10.

重复经历同一失败，例如，在有关《生命的凯旋》的讨论中，以往寻求原意的阅读和"创造性误读"所遭遇的失败便是：它们试图掩盖文本明显的自我解构活动，并代之以一个单向的时间性和历史性隐喻。其实这些批评性阅读没有意识到它们已经解构了自身，他们所依赖的理论模式也因之颠覆，现在的主要问题就不再是文学和批评谁主导谁，谁依附谁的问题，而是被解读的文本从与批评性阅读的对立关系中解脱出来，文本不再受批评阅读的指摘和质疑，它将反过来宣称批评阅读全然是失效的，是不必要的，是彻底的误读。在这个意义上，文本抗拒阐释，阅读妨害理解。

二、语言使用和"用词不当"

德曼在论文"被毁形的雪莱"中提出，《生命的凯旋》的主要结构并非一问一答式的，而是从一个问题转向下一个问题，后一个问题诘问前一个问题，比如战车拖着俘虏游行时，"我"问："这都是什么"；初遇面容毁损的卢梭时，"我"问："你是谁"，而后又重复道："你来自何处"；最后又是"请告诉，我来自何处，现在何处"。[1]在这个不断追问的过程中，回答是不必要的，因为"问题作为问题的意义在发问的时候已经被涂抹掉了"[2]。我们发现，这个追问的文本首先是毁形或自我解构的，由于问题的结构不过是句法的死结，是一种既不前进也不后退的重复自身的行为，所以任何试图凭借历史化掌控文本的阅读都遭遇了语言的抵制，我们根本无法解释清楚诗中人物的来自何方、去往何处；再者，这也意味着通过研究其它文本来增强对《生命的凯旋》的理解是不可靠的，但丁《神曲·炼狱篇》并非一个无人应答的文本，《阿多尼》、《解放了的普罗米修斯》与《生命的凯旋》的联系纵然存在过，也早已在追问的过程中被遗忘。德曼分析说，追问是"抹去和忘却的运动"，是对问题的遗忘，遗忘进入到意识的内在，使自我意识遭受重创，因此意指过程的节点频繁遭遇打断，意识总是不能如其所愿地连贯起来。《生命的凯旋》的轨迹是"从抹去自我意识到毁形的轨迹"，文本的轨迹就是遗忘的轨迹，也就是述行语言对述事语言的必然打断。

述事句（constative）和述行句（performative）是 J·L·奥斯汀在《如何

---

[1] Paul de Man, The Rhetoric of Romanticism, New York:Columbia University Press, 1984, pp. 93-94.
[2] Ibid, p. 98.

以言行事》（How to do things with words）中提出的重要概念。根据其言语行为理论可知，语言既是述事的，也是述行的，任何一句话都同时包含了述事和述行两个方面，述事即记述一件事情，述行则是借助语言行事，比如通过语言传达命令、表示感谢和开展辩解等等。语言的述事和述行属性互不相容又无法分割，述事展现话语的认知作用，叙事的建构和意指的连贯必须依靠述事语句才能完成；述行代表语词的行动力量，是非认知的，它绝不会被述事所吸纳，并且总是出乎意料地对述事造成干扰，比如简单的句子"天要下雨了"，既可以被认作述事的陈述句，也能被当成提醒行为（快去收衣服）。述事和述行是相互解构的，述事的意指连贯性总是被述行打断，同样，述行也无法彻底清除述事的痕迹，"最初的置放的暴力只能被抹去一半，因为抹去是通过一种语言装置完成的，而这种装置从未停止过参与对它所针对的东西的暴力"[1]。在《生命的凯旋》中这种相互解构的关系就被形象化为重复的记忆/遗忘运动，卢梭的自我意识虽然遭受遗忘重创，但好歹没有彻底丧失，仍试图追忆往昔，其结果只能是不断地承受遗忘的毁形，先是大脑被海浪冲刷的"沙滩"替换，然后损伤了形体和面容，身躯化为"一段古老的树根"，脸上的眼睛变成"石球"或空窍，几乎难以被辨认出来。从这个意义上看来，《生命的凯旋》至少首先应该成为"被毁形的卢梭"的喻说，这是对述事和述行的解构性关系的比喻。

  德曼提醒我们，除了述事语言和述行语言的解构性关系，《生命的凯旋》中还存在另一种毁形运动，即语言置放（impose/posit）力量的解构作用。语言有一套自己的运行机制，并不一定要参照自然世界的规律，例如诗歌开头"披一身光华兴冲冲地升起"的太阳以及在这之后退场的星辰和黑夜，就是语言的置放而非叙说真理，这里的"太阳"明显是一个拟人化的修辞。德曼认为，"语言的置放力，既是武断的，又是丝毫不可撼动的。武断是因为它具有一种不能还原为必然性的力量，不可撼动是因为没有任何东西可替代它。它位于机缘与决定性的两极之外，不是事件的时间序列的一部分。"[2]因此，一方面，语言的置放行为往往是被强行写进文本叙事序列的，而词句的使用也是任意的，没有什么道理可讲；另一方面，语言使用必定是要与意义关联起来的（否则便是噪音和胡乱涂写），阅读也必然关

---

[1] Paul de Man, The Rhetoric of Romanticism, New York:Columbia University Press, 1984, pp. 118-119.
[2] Ibid, p. 116.

乎理解和意指连贯性，所以阅读文本需要对语词使用作出合理解释，也就是将意义强加到互不关联的言语行为上，在自然界说不通的事（比如日升星落）发生在语言中却不会令多数人感到诧异，然而，这实际是语言使用营造出来的一种意义的幻觉，也是对意指连贯性的虚幻感受，在《生命的凯旋》中这种虚幻感形象化为闪烁朦胧的"光的面纱"以及"白日梦幻"。值得注意的是，语言的置放行为和语言的意指系统完全是两码事，语言的置放不会配合意指连贯性的建构，这就导致了前者（述行）对后者（述事）的频频打断，拟人化的"太阳"总要和诗中其它的语言形象达成某种联系，但是这种联系是不可靠的，它的不可靠性甚至会反过来摧毁"太阳"所要追求的意义，例如"光的形体"，这个被雪莱称作"她"的神秘形影令很多读者为之困惑，布鲁姆在评论中指出，这个虚假的形影是邪恶的，她引诱诗人走向堕落，"把那些思想的火花踏入死的尘灰"，但与之相对的是也有很多评论者认为形影是善良的象征，怎样看待这两种截然相反的论点呢？

在德曼看来，首先，无论是阳性词"太阳"还是阴性词"形体"都与"光"和"闪烁"相关，"光"是《生命的凯旋》全篇最重要的意象，作为必不可少的语言置放，闪烁的"光"笼罩全篇，消除了清醒和昏睡、记忆与遗忘、想象与真实、熟悉与陌生的全部界限，将诗人-叙事者同卢梭关联在一起，形成了一条"太阳和水、色彩、热、自然、心灵和意识连结起来的隐喻链"，直到被概括进入彩虹的意象之中。然而问题在于，这个隐喻转换的过程是极其虚弱不稳定的，象征意义随时会因为语言置放与意指过程的不适恰性遭到消解，比如"光"在描述中被卷入一个自我分裂的镜像结构里，既充当光线的来源——"灿烂的形象燃放光芒"，又成为反射光照的镜面——"甚至不会踩碎那明镜一般的水面"，在这种自我反射的场景中，太阳一类的光体"产生出把自我当作形体的幻觉"。因此，《生命的凯旋》中被主题化（thematize）的"光"，其实也是对述事与述行互不相容且无法分割的语言状态的隐喻，一方面，"光"勉力维持诗篇的意象结构和隐喻转换链，另一方面，"光"也是强行置放，它把读者带入意义的幻觉中，揭示了意义建构的不可能性，而且，"对这种不可能性的了解，也不能减少其不可能性"[1]。再者，德曼指出，语言被置放了林林总总的音节装置，能指可以相对独立于所指自由游戏，在《生命的凯旋》中，一些强制性的韵脚配置制约了意

---

[1] Paul de Man, The Rhetoric of Romanticism, New York:Columbia University Press, 1984, p. 119.

义的生产方式，例如，"把那些思想的火花踏入死的尘灰"这一颇具争议的事件，"踏"（tread）也许只是此前韵脚"编织"（thread）的换韵，与暴行的实施无关。此外，文中常用的韵脚还有"波浪"（billow）、"柳树"（willow）和"枕头"（pillow），以及从"种子"（seed）到"行为"（deed）的换韵等等，所以，使思想火花变成死灰的可能并不是善良或邪恶的女性形影，而是诗文本身的韵律和节拍，这些韵律和节拍带来的"用词不当"发生于意义建构之先，导致意指过程的连贯性总是自我消解。并且，语言的"用词不当"又是无可避免的，我们无法单纯地通过换词和重写维护语言的自足性，替换的语词仍要介入语言的指称性（对外物的指涉）、意指过程和能指游戏等不同层面的冲突。甚至可以说，语言本身就是纯然的"用词不当"，它总是无法同时顾全不同层面的要求，意指的连贯性也常常被语言内部的各种冲突所打断，因此语言陷入了永久的"错格"状态，使用语言意味着抵制语言，因为我们既不知道自己说了什么，也不能确定语言是什么。

三、阅读的伦理学：抵制"同一"的暴力

从德曼的分析中，我们似乎得出了两个没有希望的结论：阅读一直在妨害理解，语言使用就是在抵制语言。那么，德曼所倡导的没有"阅读"的阅读究竟是什么？他又如何看待阅读的未来？为了方便说明这种阅读的特点，我们需要适时引入德里达的思想，作为保罗·德曼最重要的同伴和战友，德里达解构思想对德曼阅读理论的影响是无可估量的，换言之，二者相辅相成，德曼的修辞阅读具有解构性阅读的一切特质。首先，对解构论者而言，阅读不是深入文本找寻意义的行动，因为那无异于将文本视作一个封闭的空间，使之雕塑化和盖棺定论；其次，阅读也不是无视文本自由发挥，理解和紧随其后的阐释需要立足于文本自身，自说自话和解构性阅读无关，比如我们就很难认同"夜来风雨声，花落知多少"是"压抑的欲望转变为痛苦性经验的象征"这种牵强附会的解读。[1] 解构性阅读一直在尝试打开、突破、移动和扭转，将文本推入不可测的事件性之中。所谓"事件"，就是不同于已知的任何事情的发生，是对现有情况的突然改变，真正的"事件"不可预料，与过去毫无相似之处。在解构论者看来，文本就是事件，它的内部满是"裂纹"、"疤痕"和"褶皱"，阅读的首要任务不是去修复或抹

---

[1] 黄永武：《中国诗学·鉴赏篇》，台北：台湾巨流图书公司，1976年，自序14页。按：作者黄永武是将该条作反例举出的，他认为"这样的心理分析……乱把鉴赏引入死巷"。

平，而是根据语言的机制使用一种两不相容的理解方式，例如不能明确区分但又不兼容的述事语言和述行语言，使文本始终处于紧张状态，从而避免了单一的确定性后果。由此看来，阅读的问题也是伦理问题，解构性阅读不盲目忠实于文本或轻视文本，而是去发现不同语言游戏之间的冲突和歧异，倾听文本中的他者，"阅读总是以秘密的方式包藏着他者"[1]。

西方哲学思想中一度盛行着有关"他"的思考，黑格尔、胡塞尔、列维纳斯、海德格尔对此都有深刻的分析论述。借助德里达在《书写与差异》中对列维纳斯思想的评述，我们可以尝试总结解构思想中的"他者"："他"不同于"我"，"他"不能融入"我"，"他"不是"我"知识的对象，"他"与"我"之间的伦理性关系（非概念性的）是非暴力的，"我与他不允许某种关系概念凌驾于其上，也不允许被某种关系概念整合"[2]。列维纳斯指出，西方哲学最为显著的倾向，就是"把他者还原为同一的本体论"，"同一"总是排斥和压迫"他者"，用普遍综合的方法将差异吸收到同一之中，把"他"转化成另一个"我"，哲学史也就变成了同一化的"我"的历史。[3]德里达用"暴力形而上学"称呼这一过程，在他看来，即便是提出这一论点的列维纳斯也难免形而上学"同一化"暴力的影响，列维纳斯的"他者伦理学"与康德实践哲学非常亲近，甚至可以说存在"某种康德哲学的回声"[4]，由此可见"他者"对"同一"的反抗何其艰难。对解构论者来说，解构是让文本自己说话，将全然他异的他者从同一性中释放出来，使不确定性颠覆观念帝国的统治。解构不关心阅读的正确与否，它只是尊重、回应和关心他者，解构是对"不可能"的渴望。

虽然德曼的修辞阅读理论与德里达的解构思想难舍难分，但两者之间的差异仍是存在的。在德里达那里，"解构"主要是一种哲学方法，是全面置换形而上学二元对立系统的策略，其目的是对形而上学幻觉的驱散和同一化暴力的消除。而对德曼来说，虽然修辞阅读也是对文本意义和意指连贯性幻觉的驱散，但这并不是阅读行动的全部，重要的是如何避免以同一代替同一的"转义"（trope）结构再次生效。"转义"是语言认知模式的主要特征，指意识在语言中把握世界，一方面，这一过程将特殊的个体纳入

---

1 Jacques Derrida, Mémoires pour Paul de Man, Paris:Galilée, 1988, p. 180.
2 [法]雅克·德里达：《书写与差异》，张宁译，北京：三联书店，2001年，第160页。
3 Emmanuel Levinas,Alphonso Lingis, Totality and Infinity:An Essay on Exteriorty, Pittsburg: Duquesne University Press, 1969, p. 42.
4 [法]雅克·德里达：《书写与差异》，张宁译，三联书店，2001年，第163页下注。

到"普遍性的秩序原则"之下，也就是说，思想的主体正是在语言的使用中诞生的，作为主体的人是被写入语言从而进行自我建构的；另一方面，"转义"也是一种拟人化（prosopopoeia），语言以人的方式再现，画一张人脸给自在之物，命名行为将事物召唤到场，强行把生命给予死者。声音和记号本是无意义的死物，是纯粹的物质，只有通过转义的赋形，才能变成语言为人所理解，德曼曾引用尼采的话论证语言的这一特性："语言就是修辞，因为它只试图传递一个看法（doxa, opinion），而不是一个知识（episteme, truth）……转义结构不是一些能随便在语言中添加或去除的东西；它们是语言最真实的本质。"[1] 所以对文本来说，比隐喻更重要的是拟人，它是语言被强行设定、强行给予意义的使用过程，因而"拟人法是极端述行性的"[2]。总之，语言、主体和意义，都具有转义结构。在这个意义上，解构性阅读所宣称的"让文本自己说话"仍是拟人化的表述，仍是那种一切归于"同一"、归于"我"的转义运作，和它所反对的主张没有根本性的区别。迄今为止，对抗"同一化"暴力的阅读行动好像变成了一个无出路的死局，我们发现"同一"对"他者"的拒斥是无法停止也无法终结的。

相比其他人，德曼的工作确实是艰难而无望的，因为拟人就是一种修辞手法，非拟人、非转义的语言是不可想象的，我们经常也能在交流和阅读中发现转义的拟人效果，例如德曼举出的例证"桌腿"，不仅能说明语言的修辞性，还显露出语言内部修辞关系的紧张状态，"桌腿"这个词让语言的字面义和比喻义无法区分，它的字面义具有比喻的成分，"（人）腿"的比喻义则直接指涉对象。大多数情况下语词的字面义、比喻义和指涉对象是难以区分的，阅读的真正困境在于，理解的前提就是必须要作出这类区分，"任何一种阅读总是涉及在含义和象征之间作出选择，而且只有在一个人假定可能区分字面义和比喻义的情况下，才能作出这个选择……作出这个选择是必要的，否则话语的整个秩序就会瓦解。这种情况意味着，比喻的话语总是在与可能的非比喻的话语相对比中被理解；换句话说，它假定了指称的意义（referential meaning）成为一切语言的最终目的的可能性。"[3] 对此，德曼给出的建议是——再次挑战文本。虽然"阅读就是去理

---

[1] Paul de Man, Allegories of Reading: Figural language in Rousseau, Nietzsche, Rilke and Proust, New Haven and London: Yale University Press, 1979, p. 105.
[2] [美]J.希利斯·米勒：《希利斯·米勒文集》，王逢振、周敏等编译，北京：中国社会科学出版社，2016年，第228页。
[3] Paul de Man, Allegories of Reading: Figural language in Rousseau, Nietzsche, Rilke and Proust, New Haven and London: Yale University Press, 1979, p. 201.

解、质疑、了解、忘却、抹去，使其面目全非、重复——也就是无休无止的拟人化"[1]，但是文本和语言毕竟是从"物"转化而来的，具有自我抵制的不确定要素，在这个意义上，文本是拟人的，同时也是反拟人的。在"物"转义为"我"的过程中，文本的不确定性或者说语言的"错格"势必保留了大量"物"的残留，"物"无法被完全转换成"我"，而正是这种"物"在"我"中的残留，使"我"不能完全同一化；换言之，这是"物"对"我"的错格，同一化与抵制同一，建构性和解构性以一种相互妨碍的方式共存着，因而这一错格就为他者的到来留出空间。阅读文本的不确定性，使用"错格"的语言，固然是对理解的巨大挑战，但一次次地重新阅读也拥有出新的可能，以此观之，德曼提倡对"阅读"不可能性的阅读并非消极的应付，毋宁看成对文本的创造性解构。修辞阅读需要阅读行为始终徘徊于语法义和修辞义之间，不因为迁就其中一方而忽视另一方，这样的阅读虽然仍旧免不了意义对文本的强加，但它能够尽可能地将文本和语言的巨大潜能释放出来，扰乱"同一"的部署，进而向他者敞开，同时，它也使文学研究不再成为对已逝之物的考古发掘。

四、余论

至此，我们可以较为清晰地勾勒出德曼修辞阅读的理论图谱，德曼的阅读理论非常重视语言的修辞性，在他看来，修辞远比语法和逻辑活跃，能同时在语言和文本中积极地发挥建构作用和解构作用。修辞阅读首先提出了抵制"阅读"的要求，即悬搁文本的确定意义，将关注的重点转到语言的修辞层面上来。我们会发现，文本往往比阐释者更为高明，对文本的僵化解读只能放大阐释者的无知；言语行为理论揭示出述事语句和述行语句互不相容又不可分割，没有哪句话是只拥有其中一个方面的，由于被强行置放，语言成为纯然的"用词不当"，述行重复抹除述事，意指的连贯性总是被打断无法建立，这就是语言的"错格"；解构性阅读让文本置身事件性之中，向他者敞开，但同一化并未就此终止，转义的拟人化运作无处不在，解构者不得不再建立一种与同一化共存的抵制同一的阅读模式，使"我"不能完全同一化，从而给未来的他者留出空间。照此看来，阅读正是一种关心他者的伦理行为。

1 Paul de Man, The Rhetoric of Romanticism, New York:Columbia University Press, 1984, p. 122.

参考文献

（一）法文、德文文献：

1.Jacques Derrida, Mémoires pour Paul de Man, Paris:Galilée, 1988.
2.Charles Ramond, Vocabulaire de Derrida, Paris: Ellipses, 2001.
3.Jacques Derrida, De l'esprit:Heidegger et la question, Paris:Galilée, 1987.
4.Jacques Derrida, De la Grammatologie, Paris:Minuit, 1967.
5.Jacques Derrida, L'Écriture et La Différence, Paris:Seuil, 1967.
6.Jacques Derrida, Marges-de la philosophie, Paris:Minuit, 1972.
7.Jacques Derrida, La Carte Postale, Paris:Aubier-Flammarion, 1980.
8.Geoffrey Bennington, Jacques Derrida, Jacques Derrida, Paris:Seuil, 1991.
9.Jacques Derrida, Le Probleme de La Genese dans La Philosophie de Husserl, Paris: Presses Universitaires de France, 1990.
10.Jacques Derrida, Du droit a la philosophie, Paris:Galilée, 1990.
11.Edmund Husserl, l'Origine de la géométrie, traduction et introduction par Jacques Derrida, Paris:Presses Universitaires de France, 1962.
12.David Carroll, Salut à Jacques Derrida, Paris:Journal de Rue Descartes, 2005.
13.Paul de Man, "Rhétorique de la cécité:Derrida lecteur de Rousseau", Poétique n。4, 1970.
14.Jacques Derrida, Positions, Paris:Minuit, 1972.
15.Jacques Derrida, La Voix et Le Phénomène, Paris:Presses Universitaires de France, 2009.
16.Michel Foucault, Dit et ecritsI(1954-1969), Paris: Gallimard, 1994.
17.Michel Foucault, Folie et déraison:Histoire de la folie à l'âge classique, Paris:Plon, 1961.
18.Jacques Lacan, Écrits, Paris:Seuil, 1966.
19.Michel Foucault, Dits et ÉcritsII(1970-1975), Paris:Gallimard, 1994.
20.Ferdinand de Saussure, Cours de Linguistique générale, Paris:Payot, 1971.
21.Roland Barthes, (Théorie du) Texte, Encyclopaedia Universalis, 1996.
22.Roland Barthes, Le bruissement de la langue, Paris:Seul, 1984.
23.Roland Barthes, De l'œuvre au texte, Revue d'esthétique, 3e trimestre, 1971.

24. Michel Foucault, La grande étrangère:à propos de littérature, Édition Philippe Artières, Jean-François Bert, Mathieu Potte-Bonneville &Judith Revel, EHESS, 2013.

25. Jacques Derrida, La Dissémination, Paris, Seuil, 1972.

26. Bengt Algot Sørensen, Orbis Litterarum, Oxford:Blackwell Publishing Ltd, 1982.

27. Walter Benjamin, Schriften, II, Frankfurt a.M, 1955.

28. Collectif, Dictionnaire des Idées d'Encyclopaedia Universalis, Paris:Encyclopaedia Universalis France, 2012.

29. Michel Foucault, Les Mos et les choses:Une archéologie des sciences humaines, Paris:Gallimard, 1966.

30. Michel Foucault, L'Archéologie du savoir, Paris:Gallimard, 1969.

31. Jacques Derrida, Glas, Paris:Galilée, 1974.

32. Jacques Derrida, Psyché:inventions de l'autre, Paris:Galilée, 1987.

33. Jacques Derrida, Donner le temps:I. La fausse monnaie, Paris:Galilée, 1991.

34. Jacques Derrida, Donner la mort, Paris:Métailié, 1992.

（二）英文文献：

1. J.Hillis Miller, Theory Now and Then, New York:Harvester Wheatsheat, 1991.

2. Paul de Man, Resistence to Theory, Minneapolis:University of Minnesota, 1986.

3. Jacques Derrida, Maurizio Ferraris, A Taste for the Secret, Trans. Giacomo Donis, Cambridge:Polity Press, 2001.

4. Paul de Man, Allegories of Reading:Figural language in Rousseau, Nietzsche, Rilke and Proust, New Haven and London:Yale University Press, 1979.

5. Lehman David, "Deconstruction De Man's Life", Newsweek, Feb.15, 1988.

6. David Parker, etal, eds, Renegotiating Ethics in Literature, Philosophy and Theory, New York:Oxford University Press, 1998.

7. Terry Eagleton, After Theory, New York:Basic Books, 2003.

8. John M.Ellis, Against deconstruction, Princeton:Princeton University Press, 2018.

9. Marc Redfield, Theory at Yale:The Strange Case of Deconstruction in America,

New York:Fordham University Press, 2015.

10.Paul de Man, Blindness and Insight:Essays in the Rhetoric of Contemporary Criticism, Minneapolis:University of Minnesota Press, 1983.

11.Paul de Man, Aesthetic Ideology, Minneapolis:University of Minnesota Press, 1996.

12.Terry Eagleton, Literary Theory: An Introduction, Minneapolis:University of Minnesota Press, 1996.

13.Leslie Hill, The Cambridge Introduction to Jacques Derrida, New York:Cambridge University Press, 2007.

14.Giovanna Borradori, Jurgen Habermas, Jacques Derrida, Philosophy in a Time of Terror:Dialogues with Jürgen Habermas and Jacques Derrida, Chicago and London:University of Chicago Press, 2003.

15.Vincent B.Leitch, Deconstructive criticism:an advanced introduction, New York:Columbia University Press, 1983.

16.Paul de Man, The Rhetoric of Romanticism, New York:Columbia University Press, 1984.

17.J.Hillis Miller, The Ethics of Reading:Kant,de Man, Eilot, Trollope, James and Benjamin, New York:Columbia University Press, 1989.

18.Terry Eagleton, Walter Benjamin, or, Towards a revolutionary criticism, London:Verso, 1981.

19.David F.Bell, "A Moratorium on Suspicion?", Publication of Modern Language Association (PMLA) , Vol.117, No.3, May 2002.

20.Evelyn Barish, The Double Life of Paul de Man, New York and London:Liveright, 2014.

21.Paul de Man, Wartime Journalism:1939-1943, ed. Werner Hamacher, Neil Hertz and Thomas Keenan, Lincoln:University of Nebraska Press, 1988.

22.Paul de Man, Critical Writings:1953-1978, ed. Lindsay Waters, Minneapolis:University of Minnesota Press, 1989.

23.Hamacher Werner, Neil Hertz, Thomas Keenan, Responses:On de Man's Wartime Journalism, Lincoln:University of Nebraska Press, 1989.

24.Salusinsky, Imre, Criticism in Society:Interview, London:Methuen, 1986.

25.Lindsay Waters, Wlad Godzich, Reading de Man Reading, Minneapolis:University of Minnesota Press, 1989.

26.Sigmund Freud, The Standard Edition of the Complete Psychological Works(24 vols.), vol.xix.

27.Frank Lentricchia, After New Criticism, Chicago:University of Chicago Press, 1981.

28.Harold Bloom, Paul de Man, Jaques Derrida, Geoffrey H. Hartman, J. Hillis Miller, Deconstruction and Criticism, New York:Routledge & Kegan Paul, 1979.

29.J.Claude Evans, Strategies of Deconstruction:Derrida and the Myth of the Voice, Minneapolis:University of Minnesota Press, 1991.

30.Jacques Derrida, Of Grammatology, Baltimore and London:The Johns Hopkins University Press, 1976.

31.J.L.Austin, How to Do Things with words, Oxford:Oxford University Press, 1962.

32.Raman Selden, The Cambridge History of Literary Criticism, Formalism to Poststructuralism,Vol.8, Cambridge: Cambridge University Press, 1995.

33.Jonathan D.Culler, The Literary in Theory, Stanford:Stanford University Press, 2007.

34.Jacques Derrida, Limited Inc, Evanston: Northwestern University Press, 1988.

35.John R .Searle, "Reiterating the Differences:A Reply to Derrida", Glyph 2, 1977.

36.John R .Searle, "Literary Theory and Its Discontents", New Literary History, 3, 1994.

37.Frank Thilly, A History of Philosophy, New York:Henry Holt and Company, 1951.

38. Friedrich Nietzsche, Raymond Geuss, Alexander Nehamas, Ladislaus Löb, Writing from the Early Notebooks, ed. Raymond Geuss and Alexander Nehamas, trans. Ladislaus Lob, Cambridge:Cambridge University Press, 2009.

39.Kathleen Davis, Deconstruction and Translation, New York:Routledge, 2001.

40.David H. Richter, The Critical Tradition: Classic Texts and Contemporary Trends, Boston and New York:Bedford/St. Martin's, 2007.

41.James Phelan, Narrative as rhetoric,technique, audiences, ethics, ideology, Columbus:Ohio State University Press, 1996.

42.Chris Baldick, Oxford Concise Dictionary of Literary Terms, New York:Oxford University Press, 2000.

43.Meyer Howard Abrams, A Glossary of Literary Terms, Wadsworth:Cengage Learning, 1999, p. 622.

44.S.T.Coleridge, The Statesman's Manual, ed. W.G.T.Shedd, quoted from BI, New York:Harper and Brothers, 1875.

45.Walter Benjamin, The Origin of German Tragic Drama, trans. John Osborne, London:NLB, 1977.

46.Plato, The Republic, trans. Griffitht, Cambridge:Cambridge University Press, 2000.

47.Friedrich Schlegel, Philosophical Fragments, trans. Peter Firchow, Minneapolis:university of Minnesota press, 1991.

48.S·Kierkgaard, The Concept of Irony with Continual Reference to Socrates, trans. H.V.Hong and E.H.Hong, Princeton:Princeton University Press, 1989.

49.E.D.Hirsch, The Aims of Interpretation, Chicago:University of Chicago, 1976.

50.Harold Bloom, A map of misreading, New York and Oxford:Oxford University Press, 2003.

51.Harold Bloom, How to read and why, New York,London,Toronto,Sydney and Singapore: Simon & Schuster, 2000.

52.Harold Bloom, The Shadow of a Great Rock:A Literary Appreciation of the King James Bible, New Haven and London:Yale University Press, 2011.

53.Martin McQuillan, Paul de Man, London and New York:Routledge, 2001.

54.Tom Cohen and others, Material Events:Paul de Man and the Afterlife of Theory, Minneapolis:University of Minnesota Press, 2001.

55.Harold Bloom, Kabbalah and Criticism, London:Bloomsbury Academic, 2005.

56.Wlad Godzich, Wallace Martin, Jonathan Arac, The Yale Critics:deconstruction in America, Minneapolis:University of Minnesota press, 1983.

57.Jean-Jacques Rousseau, The First and Second Discourses, and Essay on the Origin of Languages, trans. Victor Gourevitch, New York:Harper & Row,Publishers, 1986.

58. P.H.Butter, The Review of English Studies,Vol.13, No.49, Oxford:Oxford University Press, 1962.

59. Harold Bloom, The Visionary Company:A Reading of English Romantic Poetry, New York:Doubleday & McClure Company, 1961.

60. Emmanuel Levinas,Alphonso Lingis, Totality and Infinity:An Essay on Exterionty, Pittsburg: Duquesne University Press, 1969.

61. Terry Eagleton, Literary Theory:An Introduction, Second Edition, Minneapolis:University of Minnesota Press, 1996.

62. David Lehman, "Deconstruction de Man's Life", Newsweek, 15 février 1988.

63. Jacques Derrida, The Work of Mourning, ed. Pascale-Anne Brault and Michael Naas, Chicago:University Of Chicago Press, 2001.

64. Diane P. Michelfelder, Richard E. Palmer edit, Dialogue and Deconstruction:The Gadamer-Derrida Encounter, Albany:State University of New York Press, 1989.

65. Jacques Derrida, "Biodegradables: SevenDiaryFragments", Critical Inquiry, Vol 15,1989.

66. Friedrich Nietzsche, On the Genealogy of Morals and Ecce Homo, ed. Walter Kaufman, trans. Walter Kaufman and R.J Hollingdale, New York:Random House, 1969.

67. Jon Wiene, "The Responsibilities of Friendship", in Critical Inquiry, 15.4, 1989.

68. Martin McQuillan, The Paul de Man Notebooks,Edinburgh:Edinburgh University Press, 2014.

69. Jacques Derrida, Edmund Husserl's "Origin of Geometry":An Introduction, trans.John P.Leavey,Jr., Lincoln and London:University of Nebraska Press, 1978.

70. Edward W.Said, The World,the Text, and the Critic, Cambridge:Harvard University Press,1983.

71. Jonathan D.Culler, On Deconstruction: Theory and Criticism after Structuralism, Ithaca:Cornell University Press, 1983.

72. Geoffrey Bennington, Interrupting Derrida, London and New York:Routledge, 2000.

73. Jacques Derrida, Who Comes After the Subject?, eds. Eduardo Cadava, Peter

Connor and Jean-Luc Nancy, New York:Routledge, 1991.

74.Jacques Derrida, Acts of Literature, ed. Derek Attridge, New York:Routledge, 1992.

75.Martin Hägglund, Radical Atheism:Derrida and the Time of Life, California:Stanford University Press, 2008.

（三）中文译著、辞书：

1、[美]林赛·沃斯特：《美学权威主义批判》，昂智慧译，北京：北京大学出版社，2000年。

2、[法]雅克·德里达：《论文字学》，汪堂家译，上海：上海译文出版社，2015年。

3、[法]雅克·德里达：《书写与差异》，张宁译，北京：三联书店，2001年。

4、[德]马丁·海德格尔：《存在与时间》，陈嘉映、王庆节合译，熊伟校，北京：三联书店，2012年。

5、[法]雅克·德里达：《一种疯狂守护着思想》，何佩群译，包亚明校，上海：上海人民出版社，1997年。

6、[法]雅克·德里达：《胡塞尔哲学中的发生问题》，于奇智译，北京：商务印书馆，2009年。

7、[法]伯努瓦·皮特斯：《德里达传》，魏柯玲译，北京：中国人民大学出版社，2014年。

8、[法]德里达：《<友爱的政治学>及其他》，夏可君编，胡继华译，长春：吉林人民出版社，2011年。

9、[法]雅克·德里达：《德里达中国讲演录》，杜小真、张宁等编译，北京：中央编译出版社，2003年。

10、[法]雅克·德里达：《胡塞尔<几何学的起源>引论》，方向红译，南京：南京大学出版社，2004年。

11、[德]胡塞尔：《欧洲科学的危机与超越论的现象学》，王炳文译，北京：商务印书馆，2001年。

12、[美]哈罗德·布鲁姆：《西方正典》，江宁康译，南京：译林出版社，2011年。

13、[美]理查德·罗蒂:《后哲学文化》,黄勇编译,上海:上海译文出版社,1992年。

14、[德]伽达默尔:《真理与方法》,洪汉鼎译,上海:上海译文出版社,1999年。

15、[德]埃德蒙德·胡塞尔:《逻辑研究》,倪梁康译,北京:商务印书馆,2015年。

16、[法]雅克·德里达:《声音与现象》,杜小真译,北京:商务印书馆,2010年。

17、[德]埃德蒙德·胡塞尔:《内时间意识现象学》,倪梁康译,北京:商务印书馆,2009年。

18、[奥]西格蒙德·弗洛伊德:《精神分析引论》(1915-1917),《弗洛伊德文集》(第三卷),车文博主编,张爱卿译,葛鲁嘉校,长春:长春出版社,2004年。

19、[法]雅克·德里达:《解构与思想的未来》,夏可君编校,长春:吉林人民出版社,2006年。

20、[法]米歇尔·福柯:《古典时代疯狂史》,林永明译,北京:三联书店,2007年。

21、[法]笛卡尔:《第一哲学沉思录》,北京:商务印书馆,1986年。

22、[瑞士]费尔迪南·德·索绪尔:《普通语言学教程》,高名凯译,岑麒祥、叶蜚声校注,北京:商务印书馆,2014年。

23、赵毅衡编选:《符号学文学论文集》,天津:百花文艺出版社,2004年。

24、[法]罗兰·巴尔特:《文之悦》,屠友祥译,上海:上海人民出版社,2009年。

25、[古希腊]亚里士多德:《诗学》,陈中梅译,北京:商务印书馆,1996年。

26、[古希腊]柏拉图:《理想国》,王晓朝译,北京:人民出版社,2003年。

27、[法]保罗·利科:《活的隐喻》,汪堂家译,上海:上海译文出版社,2004年。

28、[美]理查德·罗蒂:《偶然、反讽与团结》,徐文瑞译,北京:商务印书馆，2003年。

29、[法]雅克·德里达：《多重立场》，佘碧平译，北京：三联书店，2004年。

30、[美]乔纳森·卡勒：《论解构》，陆扬译，北京：中国社会科学出版社，2018年。

31、[美]韦恩·布斯：《修辞的复兴》，穆雷等译，南京：译林出版社，2009年。

32、[美]M.H.艾布拉姆斯：《文学术语词典》（中英对照），吴松江等编译，北京：北京大学出版社，2009年。

33、[德]康德：《判断力批判》，邓晓芒译，杨祖陶校，北京：人民出版社，2002年。

34、[德]谢林：《艺术哲学》，魏庆征译，北京：中国社会出版社，1996年。

35、[美]韦勒克、沃伦：《文学理论》，刘象愚等译，江苏教育出版社，2005年。

36、[英]威廉·华兹华斯：《序曲或一位诗人心灵的成长》，丁宏为译，北京：北京大学出版社，2017年。

37、[德]弗·施莱格尔：《雅典娜神殿断片集》，李伯杰译，北京：三联书店，1996年。

38、[德]黑格尔：《美学》，朱光潜译，北京：商务印书馆，2015年。

39、[德]黑格尔：《哲学讲演录》，贺麟等译，上海：上海人民出版社，2013年。

40、[法]波德莱尔：《波德莱尔美学论文选》，郭宏安译，北京：人民文学出版社，1987年。

41、[美]P.D.却尔：《解释：文学批评的哲学》，吴启之、顾洪洁译，北京：文化艺术出版社，1991年。

42、[美]乔纳森·卡勒：《结构主义诗学》，盛宁译，北京：中国人民大学出版社，2018年。

43、[美]哈罗德·布鲁姆：《影响的焦虑》，徐文博译，南京：江苏教育出版社，2005年。

44、[美]哈罗德·布鲁姆等：《读诗的艺术》，王敖译，南京：南京大学出版社，2010年。

45、[英]马丁·麦克奎兰：《导读德曼》，孔锐才译，重庆大学出版社,2015年。

46、[英]洛克：《人类理解论》，吴文运译，北京：商务印书馆，1983年。

47、[法]卢梭：《忏悔录》，黎星译，北京：商务印书馆，1986年。

48、[美]哈罗德·布鲁姆：《误读图示》，朱立元、陈克明译，天津人民出版社，2008年。

49、[美]保罗·德曼：《阅读的寓言——卢梭、尼采、里尔克和普鲁斯特的比喻语言》，沈勇译，天津：天津人民出版社，2008年。

50、[美]保罗·德曼：《解构之图》，李自修等编译，北京：中国社会科学出版社，1998年。

51、[美]J.希利斯·米勒：《希利斯·米勒文集》，王逢振、周敏等编译，北京：中国社会科学出版社，2016年。

52、[美]马克·爱德蒙森：《文学对抗哲学》，王柏华、马晓冬译，北京：中央编译出版社，2000年。

53、[古希腊]柏拉图：《柏拉图文艺对话录》，朱光潜译，北京：商务印书馆，2013年。

54、狄玉明等编译：《拉鲁斯法汉词典》，北京：商务印书馆，2014年。

55、J.L.奥斯汀：《如何以言行事》，杨玉成、赵京超译，北京：商务印书馆，2013年。

56、[法]米歇尔·福柯：《词与物》，莫伟民译，上海：三联书店，2012年。

57、[法]米歇·傅柯：《知識的考掘》，王德威譯，台北：麥田出版公司，1993年。

58、[法]罗兰·巴尔特：《S/Z》，屠友祥译，上海：上海人民出版社，2012年。

59、[法]安托万·孔帕尼翁：《理论的幽灵：文学与常识》，吴泓缈、汪捷宇译，南京：南京大学出版社，2017年。

60、[英]斯图亚特·霍尔：《表征》，徐亮、陆兴华译，北京：商务印书馆，2013年。

61、[美]乔纳森·卡勒：《理论中的文学》，徐亮等译，上海：华东师范大学出版社，2019年。

62、[法]雅克·德里达：《文学行动》，赵兴国等译，北京：社会科学出版社，1998年。

63、[法]弗朗索瓦·库塞：《法国理论在美国——福柯、德里达、德勒兹公司以及美国知识生活的转变》，方琳琳译，郑州：河南大学出版社，2018年。

64、[法]雅克·德里达：《马克思的幽灵：债务国家、哀悼活动和新国际》，何一译，北京：中国人民大学出版社，2016年。

65、[法]雅克·德里达：《赠予死亡》，西安：西北大学出版社，2018年。

66、[德]伽达默尔、[法]德里达：《德法之争》，孙周兴、孙善春编译，北京：商务印书馆，2015年。

67、汪民安主编：《生产》（第8辑），南京：江苏人民出版社，2012年。

68、[美]希利斯·米勒：《重申解构主义》，郭英剑等译，北京：中国社会科学出版社，2000年。

69、[法]米歇尔·福柯：《主体解释学》，佘碧平译，上海：上海人民出版社，2018年。

70、[法]让·吕克·南希：《解构的共通体》，上海：上海人民出版社，2007年。

（四）中文论著：

1、李永毅：《德里达与欧洲思想经典的对话》，北京：科学出版社，2016年。

2、曹明伦：《翻译研究论集》，北京：科学出版社，2020年。

3、[汉]毛亨传，郑玄笺，[唐]孔颖达疏，龚抗云等审校：《十三经注疏·毛诗正义》，北京：北京大学出版社，1999年，第348页，372页。

4、赵一凡等编：《西方文论关键词》，北京：外语教学与研究出版社，2006年。

5、黄永武：《中国诗学·鉴赏篇》，台北：台湾巨流图书公司，1976年。

6、尚杰：《德里达》，长沙：湖南教育出版社，1999年。

7、尚杰：《精神的分裂——与老年德里达对话》，上海：同济大学出版社，2006年。

8、童明：《解构广角观：当代西方文论精要》，北京：中国社会科学出版社，2019年。

9、陆扬：《德里达的幽灵》，武汉：武汉大学出版社，2008年。

10、胡继华：《重建巴别塔：解构诗学新论》，福州：福建教育出版社，2015年。

11、杨大春：《文本的世界》，北京：中国社会科学出版社，1998年。

12、汪堂家：《汪堂家讲德里达》，上海：三联书店，2019年。

13、陈晓明：《德里达的底线：解构的要义与新人文学的到来》，北京：北京大学出版，2009年。

14、朱刚：《本原与延异：德里达对传统形而上学的解构》，北京：商务印书馆，2019年。

15、倪梁康：《现象学概念通释》，北京：三联书店，2007年。

16、高宣扬：《当代法国思想五十年》，北京：中国人民大学出版社，2016年。

17、汪民安主编：《文化研究关键词》，南京：江苏人民出版社，2020年。

18、方向红：《幽灵之舞：德里达与现象学》，南京：江苏人民出版社，2010年。

19、戴登云：《解构的难题：德里达再研究》，北京：人民出版社，2013年。

20、王嘉军：《存在、异在与他者：列维纳斯与法国当代文论》，上海：上海社会科学出版社，2019年。

21、昂智慧：《文本与世界——保尔·德曼文学批评理论研究》，上海：上海人民出版社，2009年。

22、汪民安编：《文化研究关键词》，南京：江苏人民出版社，2020年。

23、肖锦龙：《德里达的解构理论思想性质论》，北京：中国社会科学出版社，2004年。

24、孟宪清：《解构及其超越——德里达哲学解构论探析》，武汉：武汉大学出版社，2017年。

（五）中文期刊论文：

参考文献

1、[美]希利斯·米勒："许诺、许诺：马克思和德曼的关于言语行为、文学和政治经济学诸理论之异同"，陆小虹译，《马克思主义美学研究》，2001年，第1期。

2、[美]约翰·R.塞尔："虚构话语的逻辑地位"，冯庆译，《南京社会科学》，2012年，第6期。

3、[法]雅克·德里达："白色神话：哲学文本中的隐喻"，陈庆译，牛宏宝校，《外国美学》，第27辑，2017年。

4、刘小枫："古希腊的演说术与修辞术之辩"（上篇），《外国语文》，2019年，第3期。

5、刘小枫："古希腊的演说术与修辞术之辩"（下篇），《外国语文》，2019年，第4期。

6、[美]希利斯·米勒："全球化时代文学研究还会继续存在吗？"，国荣译，《文学评论》，2001年，第1期。

7、[美]杰弗里·哈芬：伦理学与文学研究，陈通造译，《文学理论前沿》，2015年，第2期。

8、希利斯·米勒,生安锋：批评的愉悦、解构者的责任与学术自由，《国外理论动态》，2007年，第1期。

9、倪梁康："胡塞尔时间分析中的'原意识'与'无意识'——兼论J.德里达对胡塞尔时间意识分析的批评"，《哲学研究》，2003年，第6期。

10、杨婉仪："现象的两种意涵：从存有（ousia）与生存（exister）的差异谈起"，《中国现象学与哲学评论》，2015年，第2期。

11、汪民安："疯癫与结构：福柯与德里达之争"，《外国文学研究》，2002年，第5期。

12、郑鹏："疯狂史研究对福柯的意义"，《安徽大学学报（哲学社会科学版）》，2015年，第4期。

13、李点："理论之后：论当代文学研究中的伦理批评"，《文艺理论研究》，2016年，第3期。

14、林精华："解构主义的政治和伦理危机：保罗·德曼修辞学阅读理论与其亲纳粹言行"，《外国文学评论》，2018年，第4期。

15、昂智慧："保尔·德曼、'耶鲁学派'与'解构主义'"，《外国文学》，2006年，第4期。

16、黄旺："德里达论'被书写的无意识'——以对胡塞尔和弗洛伊德"无意识"概念的解构为线索"，《安徽大学学报（哲学社会科学版）》，2020年，第2期。

17、马迎辉："胡塞尔、弗洛伊德论无意识"，江苏行政学院学报，2015年，第3期。

18、蔡祥元："外与内的游戏——德里达如何解构索绪尔的结构主义思想"，《现代哲学》，2012年，第2期。

19、萧莎："德里达的文学论与耶鲁学派的解构批评"，《外国文学评论》，2002年，第4期。

20、冯庆："理论的节制"重审德里达与塞尔之争"，《文艺理论研究》，2014年，第6期。

21、王亢："重复与改变——《有限公司》中的语言问题"，《世界哲学》，2010年，第6期。

22、郑鹏："人工智能创作、"作者之死"与人的主体性之反思"，《安徽大学学报（哲学社会科学版）》，2020年，第3期。

23、申屠云峰："保罗·德曼的'语法'与'修辞'"，《外国文学评论》，2006年，第2期。

24、谭善明："重建逻辑、语法和修辞的关系"，《福建师范大学学报（哲学社会科学版）》，2014年，第4期。

25、陈晓明："论德里达的'补充'概念"，《当代作家评论》，2005年，第2期。

26、陈晓明："'意图'之殇与作者之'向死而生'"，《社会科学战线》，2017年，第4期。

27、于萍："反讽与讽喻:保罗·德曼时间性修辞的一体两面"，《学术交流》，2017年，第5期。

28、黄海容："反讽的讽喻：《论时间性修辞》中德曼的语言、文学与批评观"，《外国文学评论》，2011年，第3期。

29、翟乃海："从诗学到阅读——评哈罗德·布鲁姆文学批评理论的嬗变"，《国外文学》，2013年，第3期。

30、肖锦龙："补充、隐喻、重复——解构视野中的文学和现实关系"，《文艺理论研究》，2008年，第6期。

31、尚杰："德里达的信仰",《哲学动态》,2015年,第2期。

32、耿幼壮："火焰与灰烬之思——德里达的'符号学'",《文艺研究》,2011年,第9期。

33、徐亮："理论与死亡",《文艺理论研究》,2020年,第5期。

34、肖锦龙："论德里达的'独体'概念——兼谈他的主体理论",《文艺研究》,2020年,第3期。

35、肖锦龙："不可能和事件——论德里达的事件学说",《兰州大学学报(哲学社会科学版)》,2020年,第2期。

36、戴登云："解构的双重属性",《西南民族大学学报(人文社科版)》,2017年,第5期。

37、戴登云："再论解构的双重属性",《西南民族大学学报(人文社科版)》,2019年,第1期。

38、徐亮："德里达解构思想对文学理论的不洽适性",《浙江大学学报(人文社会科学版)》,2006年,第5期。

39、杨大春："德里达论他者的命运——从哲学与非哲学的关系看",《文史哲》,2006年,第3期。

40、周颖："盲目与洞见——保尔·德曼早期解构模式论析",《南阳师范学院学报(社会科学版)》,2004年,第1期。

41、肖伟胜："罗兰·巴尔特的'作者之死'与后结构主义文本理论的衍生",《西南大学学报(社会科学版)》,2019年,第4期。

42、李永毅："绝对知识的瓦解:德里达与黑格尔",《马克思主义与现实》,2014年,第5期。

43、王宁："阐释的循环与悖论",《探索与争鸣》,2020年,第3期。

(六)研究生学位论文:

1、周颖:"阅读之旅:从主体性到修辞性",中国社会科学院研究生院博士论文,2003年。

2、李为学:"德里达《延异》文疏解——与海德格尔、中观派和维特根斯坦的比较研究",复旦大学博士论文,2012年。

3、马杰:"德里达解构理论的伦理学后果",浙江大学硕士论文,2017年。

4、王云:"作为解构策略的修辞——保罗·德·曼批评思想研究",东北师范大学博士论文，2012年。

5、苏勇："解构批评:形态与价值"，江西师范大学博士论文，2010年。

6、路静："德里达解构主义阅读观研究"，吉林大学博士论文，2013年。

7、何玉国："本原之思：身份认同与犹太文化—德里达解构论管窥"，南开大学博士论文，2013年。

8、王冠雷："'后理论'的文学转向"，浙江大学博士论文，2018年。

9、陈粤："解构与'误差'——保罗.德曼文学批评研究"，吉林大学博士论文，2008年。

www.ingramcontent.com/pod-product-compliance
Lightning Source LLC
Chambersburg PA
CBHW071419070526
44578CB00003B/612